스파크

일로 성공하기 위한
폭발적 성장 법칙

스
파
크

SPARK

크리스 메틀러 · 존 야리안 지음 ─ 정윤미 옮김

RHK
알에이치코리아

추천의 글

이 책을 읽으면 제일 똑똑한 친구가 내 옆에 앉아 있는 듯하다. 그리고 무엇이 내 생각을 제한하는지 명확히 알려주는 것 같은 느낌이 든다. 이 책 덕분에 일과 리더십에 대해 생각하는 방식이 크게 달라졌다. 저자들은 명확하면서도 친절하게 독자가 이미 이해하고 있다고 착각하는 것을 낱낱이 드러낸다. 이 책을 읽으면 분명 호기심이 커질 것이고, 호기심을 사용하면 인생이 확 달라질 것이다.

_ J. 로스 블랭켄십 박사, 《Assessing CEOs and Senior Leaders》의 저자

존 야리안은 영감의 불꽃을 일으키는 부싯돌이고 《스파크》는 그의 접근 방법을 완벽하게 농축하여 보여준다. 존과 크리스 두 사람이 저술한 가이드북을 필요할 때 언제나 펼쳐볼 수 있어서 얼마나 다행인지 모른다. 이 책은 가장 생산적이고 핵심적인 역량을 발휘하게 도와준다.

_ 스탠필드 그레이, 딕사우스 Dig South의 창립자 겸 CEO

크리스 메틀러와 존 야리안이 비즈니스와 리더십을 주제로 아주 훌륭한 책을 내놓았다. 이제 막 경력을 쌓기 시작한 사람이든 이미 CEO의 자리에 앉아 있는 사람이든 이 책을 반드시 읽어야 한다. 저자들은 성공을 안겨주는 중요 개념을 알기 쉽고 명확하게 설명한다. 또한 이런 개념을 수용하고 실제로 적용하는 과정에서 어떤 단계를 거쳐야 하는지 자세히 알려준다. 시중에는 전문 용어를 남발하는 책들이 많지만 이 책은 큰 성공을 거두었음에도 자신의 한계를 인지하는 겸손한 두 전문가가 편안한 분위기에서 상대를 배려하면서 이해하기 쉬운 말로 나누는 대화처럼 쓰였다. 이 책은 업무 방식을 개선해 주는 데 그치지 않고 독자에게 다양한 유익함을 준다. 책의 제목을 '인생에 불을 붙이고 날개를 달아주고 강화해줄 24가지 개념!'이라고 해도 좋았을 것이다. 잘 읽어보고, 책에서 제시한 길을 열심히 따라가 보기 바란다. 그러면 다양하고 전문적인 방법을 배우게 될 것이며 일상에서도 큰 유익함을 얻을 것이다. 이 책은 비즈니스 현장에 새롭고 중요한 기여를 할 것이다.

_ 니콜라스 S. 제포스, 밴더빌트대학교 Vanderbilt University 명예총장

$$\boxed{1부}$$

나의 성장을 위한 8가지 개념

아무도 내가 회사를 운영할 것이라고 생각하지 않았다. 책을 낼 것이라고 상상한 사람도 없었다. 나는 어릴 때 가벼운 난독증을 앓았다. 12살이 될 때까지 어머니가 일주일에 세 번, 편도 1시간 거리를 운전해 독서 전문가에게 훈련을 받게 했다. 어머니도 회사를 소유하거나 임원으로 일한 적은 없지만 내가 아는 사람 중에서는 이타적인 리더십의 가장 좋은 본보기를 보여주셨다. 사실 이 책에 소개된 많은 개념은 부모님에게 배운 것이다. 두 분은 열심히 노력하는 것이 중요하다고 생각했으며 내게 '책임질 줄 아는 사람'이 되라고 가르치셨다. 고된 일을 함께하지 않는 리더는 직원이 어떤 사람이며 무슨 일을 하는지 파악하지 못한다.

밴더빌트대학교 학부 과정에 몹시 어렵게 입학했다. 노스웨스턴대학교 켈로그경영대학원에도 여섯 번이나 시험을 치른 후에야 최저점으로 입학할 수 있었다. 여러 교수님이 인내심으로 나를 지도해주셨다. 교수진과 동기들은 내가 과연 졸업 후에 성공할 수 있을지 걱정하는 눈치였다.

이 책은 도전을 극복하기 위해 회복력을 기르며 자기 내면의 불꽃(어쩌면 지옥 불이라고 해야 더 정확할지 모른다)을 활용하려는 모든 사람에게 도움이 될 것이다. 대기업에서 목적을 찾지 못하는 사람, 회의를 위한 회의에 질린 사람, 하루하루 버티는 것이 아니라 생애 마지막 날처럼 매일 최선을 다하고 싶은 사람에게 이 책을 권하고 싶다. 각 장은 짧고 간단하게 구성되어 있으므로 잠시만 집중해서 읽으면 중요한 가치 하나를 찾아낼 수 있다. 일상 용어를 많이 사용하고 공감할 만한 예시를 소개했다. 한마디로 나 같은 사람을 위해 이 책을 집필했다. 이 책은 당신이 원하는 삶을 방해하는 모든 것들을 극복하는 데 큰 도움이 될 것이다.

크리스 메틀러

11

———

나는 어릴 때 내 일은 내가 알아서 하는 척을 했다. 형들과 나는 홈스쿨링을 했는데 우리 가족은 이사를 자주 다녔다. 형들과 아주 친했기 때문에 형들이 뭘 하든 항상 끼어들려고 애썼다. 그래서 나는 무슨 일을 하든 '가장 어리고 준비가 하나도 안 된 사람'의 역할을 맡고는 했다.

3~4년 주기로 새로운 친구를 사귀다 보니 친구를 사귀는 데에는 능숙해졌다. 나이보다 철이 든 것처럼 연기했고, 잘 모르는데도 다 이해한 것처럼 고개를 끄덕였고, 자격을 갖추지 않은 채로도 건방을 떠는 방법도 알게 되었다. 새로운 환경에서 살아남는 데는 도움이 되었지만 새로운 것을 배울 기회는 많이 놓쳤다. 이미 다 알고 있다는 식으로 행동하면 절대 질문을 할 수 없기 때문이다.

몇 년이 지나자 주변 사람을 속이는 데에는 익숙해졌지만 내가 정말 제대로 아는 게 있는지 궁금해졌다. 리더십, 권력, 목적의식과 같은 단어를 자주 사용했지만 마음속으로는 스스로 무슨 뜻인지도 전혀 모르면서 소리만 흉내 내는 앵무새 같다고 생각했다.

그 후로 관대한 멘토들에게 많은 도움을 받았다. 몇 차례 뼈아픈 실수를 했지만 실수를 통해 많은 점을 배웠다. 기업가가 되고 보니 다른 사람들도 정작 자신이 논하는 대상을 잘 모른다는 사실을 알게 되었다. 처음에는 그런 사람을 보면 마음이 조금 편해졌다. 하지만 결국 나는 어릴 때의 나와 정반대로 행동해야 한다는 점을 깨달

1
2

았다. 그래서 멍청해 보이는 질문을 하고, 부끄러움을 당할 각오를 하고, 실패를 수용하되 실패에서 새로운 점을 배우려고 노력했다.

나처럼 그동안 숨겨온 어리숙한 본모습을 들킬까 두려워하는 사람에게 이 책을 추천한다. 남의 눈치를 보는 사람, 대중에게 맞추려고 애쓰는 사람, 집단에 속하기 위해 배울 기회를 저버린 모든 사람이 꼭 읽어야 할 책이다. 집단에 소속되고 싶은 마음은 나쁘지 않다. 하지만 시간이 지나면 자기만의 해답을 찾아야 할 때가 온다. 나침반이 되어줄 원칙도 필요하고, 우리가 하는 일과 그것을 평가하는 방법에 대한 정의를 세워야 할지도 모른다.

사실 책을 집필하는 것이야말로 틀릴지 모른다는 위험을 감수하려는 의지를 잘 드러내는 일이다. 나도 자주 실수를 한다. 아마 많은 독자가 이 책을 읽다가 고개를 갸우뚱하는 순간을 겪을지도 모른다. 하지만 나는 독자가 찾아낸 오류를 인정하고 이를 배움의 기회로 삼으려 한다.

실패를 피하지 말고, 새로운 것을 배우며 목적의식을 지닌 채 계속 노력해야 한다. 그 과정에서 많은 희생이 뒤따를 수도 있다. 이 책을 읽는 독자는 나보다 더 빨리 자기만의 길을 찾기 바란다.

존 야리안

이것은 책이 아니다. 물론 여러분은 이 책을 읽고 있지만 말이다. 지금 이 순간 압축 목재펄프 한 묶음을 들고 책의 첫 페이지라고 생각되는 부분을 내려다보고 있을지 모른다. 하지만 우리는 처음부터 '책'을 만들 생각이 아니었다. 그런 생각으로 시작하면 '책이란 모름지기 이러해야 한다'라는 고정 관념에 영향을 받게 되고, 책에 대한 기대치가 생기며, 이런 말투나 내용이 책에 적합한지 판단하게 되기 때문이다.

예를 들어 서문 이외의 다른 곳에서는 우리 자신이나 경력을 절대 언급하지 않는데, 우연히 그렇게 된 것이 아니라 일부러 그렇게 한 것이다. 우리가 세운 기업에서 모든 개념을 충분히 테스트해 보았다. 하지만 진정한 리더십이 이타적이라고 생각한다면, 우리 자신에 대한 책을 쓰는 것 자체가 일종의 위선 행위가 될 것이다.

그러므로 더는 이것을 책으로 여기지 말고 우리가 서로 대화를 나눈다고 생각하기 바란다.

이제 여러분을 이 대화에 참여하도록 초대한다. 우리는 당신의 경력이나 사업, 인생을 창의적이며 호기심 가득한 시선으로 있는 그대로 바라보는 주제에 대해 대화하고자 한다. 어떤 것도 미리 전제하거나 정해두지 않는다. 어떤 것을 다른 것과 비슷하게 만들거나 정해진 틀 또는 집단에 끼워 맞춰서 안정성을 추구하는 일과도 거리가 멀다.

목차대로 책을 읽는 것이 좋다고 느끼는 사람도 있겠지만 우리는 이 책을 한 방향으로 흐르는 대화가 아니라 재생 목록으로 생각하길 권한다. 그러면 이 책에서 자기에게 맞는 경험을 찾아내거나 새로운 아이디어를 찾아낼 영감을 얻을지도 모른다.

특별한 예외가 없다면 이제 이 책에서 경험할 내용을 이미 다 안다고 생각하지 않았으면 좋겠다. 그렇게 가정하면 호기심이 사라지고 책의 내용을 색안경을 낀 채 보게 되며 출발점 즉, 이미 정해진 규칙에 따라 행동해야 하는 세상에 갇혀 한 걸음도 앞으로 나갈 수 없다.

이렇게 신신당부해도 여전히 많은 사람이 자기가 책을 보고 있다고 생각할 것이다. 책이 어떤 것인지 안다고 생각하기 때문이다.

자신이 모르는 것의 가능성이나 결과를 직면하기보다는 안다고 생각하는 지식에 만족하며 눌러앉는 쪽이 훨씬 마음이 편하다. 하지만 당신이 모르는 미지의 세계에 성공 가능성이 기다리고 있다. 용기를 내어 그곳으로 가서 새로운 환경을 둘러보고 더 배우려 노력한다면 새로 사업을 시작하거나 기존 사업을 더 키울 수 있고, 더 나은 리더가 될 수 있다. 궁극적으로는 당신이 그동안 꿈꿔온 우주에 자신의 흔적을 명확히 남길 수도 있다.

개방적인 마음과 호기심만으로는 충분하지 않다. 전념하려는 태도도 꼭 필요하다. 아마 지금은 '재미있어 보이니까 한번 읽어봐야겠어. 일단 시작해 보면 어떨지 알게 되겠지'라고 생각할지도 모른다. 하지만 많은 독자가 길어봐야 10분 정도 집중하다가 책을 덮는다. 10분 이내에 독자의 마음을 사로잡지 못하면 게임이 끝나버리는 것이다.

비용을 생각해 보자. 대다수에게는 이 책을 사는 돈이 그리 큰 부담이 되지 않을 테다. 은행 계좌에서 그 정도의 액수가 빠져나가는 건 신경 쓸 일이 아니다. 하지만 더 큰 문제를 생각해 보자. 직업은 어떤가? 자신과 가족을 돌보기 위해서는 돈을 벌어야 한다. 대부분 직업에 전념하는 마음과 지금 이 대화에 전념하는 마음에는 분명 큰 차이가 있을 테다.

당신은 대화의 흐름을 지켜보았고 대화에 참여했다. 한동안 대화를 즐겼을 것이다. 아니면 지금 상태를 유지하기에 충분할 정도로만 집중했을지 모른다. 이런 방식으로 당신은 이 책을 한 장 한 장 넘길 것이다. 또 다음 달 월급날까지 버틸 것이다. 하지만 상태 유지를 위한 정도로 집중하는 태도를 고집하면 정말 원하는 것은 손에 넣지 못한다.

이제 자신의 삶에서 최대한 전념했던 것을 생각해 보자. 어떤 활동일 수도 있고 인간관계인 경우도 있다. 진심을 다해, 최선을 다해 전념하면 주변 사람들에게 널리 알려질 수밖에 없다. 그러면 그들도 관심을 보이며 당신과 함께 일하거나 도움을 줄 것이다. 당신의 환경이 재구성되고 일의 흐름이나 상황도 달라진다.

이 대화에 온전히 집중하기 바란다. 읽은 내용을 조만간 직접 테스트하게 될 것이다. 시간을 내서 잘 읽어 보며 혹시 새로운 점이 나오거든 실생활에 적용해서 어떤 결과가 나오는지 알아보기 바란다. 새로운 내용을 인정하려면 먼저 자신이 모르는 내용이 있을 수 있다는 점을 인정해야 한다. 실생활에 적용하는 것은 일종의 시운전과 같다. 차를 사기 전에 직접 운전해 보면 그 차가 정말 마음에 드는지 쉽게 알 수 있듯이 말이다.

중요한 건 자신의 행동, 에너지, 앞으로의 계획이다. 책을 다 읽고 그냥 덮어버리면, 다시 말해서 실생활이나 업무에 적용해 보지 않고 편안하게 자신의 원래 생각에 머무른다면 아무 소용이 없다. 대화 내용을 직접 적용하면 직장이나 커리어에 변화가 일어나고, 더 크고 더 나은 목표를 향해 나아갈 추진력이 생긴다. 그렇게 될

1
7

때 비로소 이 대화에서 마법 같은 유익함을 얻을 수 있다. 당신에게 충분히 가능한 일이니 의심하지 말고 믿어도 좋다.

모든 게 당신이 어떻게 마음을 먹느냐에 달려 있다.

이 책은 모듈식으로 구성되어 있다. 쉽게 말해, 순서를 지키지 않고 원하는 부분부터 읽어도 이해하는 데 문제가 없다는 뜻이다. 각 장은 재생 목록에 나오는 노래와 같아서 원하는 대로 순서를 바꾸거나 좋아하는 장을 따로 표시해도 된다. 다른 사람에게도 책에 제시된 순서가 아니라 본인이 원하는 순서대로 바꿔서 읽어 보라고 권할 수도 있다. 하지만 다음과 같은 몇 가지 사항을 알고 있다면 이책의 내용을 이해하기가 훨씬 수월할 것이다.

1부는 혼자 생각하고 노력할 수 있는 개념을 소개한다. 선택과 집중이 필요하지만 다른 사람이 관여할 여지는 없다. 여러 가지 의미로 숙달하기에는 상당히 어려운 개념이다. 일정 수준의 자기 검토와 솔직함이 필요하지만 많은 사람이 그 둘을 피하고 싶어 하기 때문이다. 이런 개념 하나하나를 완벽히 숙달하지 못해도 정확하게 이해하고 나면 다른 사람을 대하는 자신의 행동을 검토할 때 아주 유용하게 쓰인다.

2부는 대인 관계에 관련된 개념을 다룬다. 동업자나 공동 창립자와의 관계, 작은 프로젝트나 팀, 부서 업무 등 둘 이상의 사람이 함께 결과를 내야 하는 모든 상황에 적용된다. 개념의 의미는 각자 파악하더라도 실제 적용하기 위해서는 다른 사람이 관여하거나 참여해야 한다.

3부는 조직 전체가 공유할 수 있는 개념이다. 적절한 모형을 만들고 충분히 설명해주면 기업 문화의 일부로 자리 잡을 수 있다. 여기에 소개된 개념들은 집단 역학 또는 일을 진행하거나 처리하기 위해 팀이 함께 행동해야 하는 상황과 밀접한 관련이 있다.

대부분의 개념은 다른 개념을 참조하거나 상호 의존 관계를 구성한다. 그래서 서로 겹치는 부분이나 일종의 회색 지대가 생길 수 있다. 이런 점은 4부에서 다룰 것인데, 책의 앞부분을 다 읽어야 이부분을 이해할 수 있을 것이다. 4부는 몇 가지 개념을 조합하거나 특정 순서로 연결되는 방식을 보여주는데, 이런 순서나 조합은 자연스러운 흐름을 따른다. 4부의 가치를 극대화하려면 각 개념의 의미를 명확히 이해한 다음 이를 더 높은 수준으로 활용하려는 적극적인 의지를 보여야 한다.

이 책에서 언급되지 않은 새로운 개념도 있을까? 물론 그럴 수 있다. 어떤 독자는 우리가 빠트린 새로운 조합을 찾아내거나 더 높은 수준에 어울리는 새로운 개념을 알고 있을지도 모른다. 어쨌든 각자의 경험에 부합한다면 우리가 제안하는 조직 모형을 사용해 보기 바란다. 자신이 보기에 적절한 대로 커스터마이징하거나 업그레이드할 수도 있다.

크리스&존

1부

나의 성장을 위한
8가지 개념

이 책의 기본 토대를 이루는 개념들로 자기 자신을 바라보는 관점을 바꿔 보자. 그러면 당신이 이 세상에 가져오려는 변화도 커진다. 각 장에서는 다양한 방법으로 당신이 스스로를 바라보는 관점을 재검토하도록 도와줄 것이며, 당신의 삶에서 어떤 일이 가능한지 생각하도록 도와줄 것이다. 확실한 점은 자기 자신만이 변화를 가져올 수 있다는 점이다. 이 책이 변화의 시작을 알리는 불꽃이 될 것이다. 일단 변화가 시작되면 당신은 더 큰 비전을 품고 무엇을 성취할지 정할 수 있으며, 그런 목표는 당신에게 더 특별한 의미로 다가갈 것이다.

1부를 최대한 활용하려면 '리더십', '권력', '목표' 등 이 책에서 다루는 개념을 이미 안다고 생각하지 말자. 그런 생각은 모두 접어두기를 바란다. 기존의 개념에 완전히 새로운 의미를 담을 수 있다. 열린 마음으로 책을 읽기를 권한다. 실생활에 적용하여 이런 개념이 어떤 효과를 가져오는지 알아보기를 바란다. 당신에게는 새로운 것을 만들어낼 수 있는 무한한 잠재력이 있다. 이 책을 통해 당신을 만나게 된 것을 기쁘게 생각한다.

1장

리더십

**통제에 관한 환상을
포기하는 것**

잠깐 시간을 내서 자신이 반드시 책임져야 한다고 생각하는 것들을 하나도 빠짐없이 적어 보라. 본인이 직접 통제·관리하는 모든 것을 적어야 한다. 이제 몸을 움직이고 소리를 내는 것처럼 신체와 정신을 지배하는 능력을 빼면 그 목록에서 무엇이 남을까?

직장에서 팀을 책임지고 있다면 이야기는 크게 달라진다. 친한 친구들의 모임은 어떨까? 종종 음식점이나 술집으로 친구들을 끌고 가지만 그렇다고 해서 당신이 이 모임의 리더는 절대 아닐 테다. 그런데 집에 가면 오히려 상황이 역전된다. 회사에서는 많은 직원을 거느리지만 집에서는 배우자와 아이들이 당신을 직원처럼 대할지 모른다. 심지어 키우는 강아지마저 아무런 이유 없이 러그를

2
5

망가뜨리는 방식으로 당신이 통제권을 갖는 것은 환상에 불과하다는 점을 주기적으로 일깨워준다.

여기에서 무엇을 알 수 있을까? 실제로 상황이나 사물을 통제하는 듯이 보이는 사람들이 있는데, 그런 경우는 어떻게 이해해야 할까? 그들은 어떻게 통제권을 손에 넣었으며 어떻게 계속 유지하는 걸까?

이런 의문을 해결하려면 통제의 신비를 파고들어야 한다. 사실 통제의 부족·부재는 흔히 볼 수 있는 현상이다. 따라서 우리에게는 아무런 잘못이 없다. 통제권을 가지려는 욕구는 자연스럽고 정상적이며 다른 사람에게 '통제권을 행사'하는 모습을 보여주고 싶어 하는 마음은 누구에게나 있다. 하지만 통제권을 거머쥐려는 입장에 서면 막상 자신에게 통제권이 거의 없다는 사실을 통감하게 된다.

여기에서 리더십이라는 개념이 등장한다. 본격적으로 이 책을 읽기 전에 지금까지 리더십에 관해 알고 있던 모든 걸 머릿속에서 지워버리기 바란다. 리더십은 모든 언어권에서 가장 많이 남용되지만 거의 모든 사람이 이 개념을 잘못 알고 있다. 통제권을 손에 넣으려고 하거나 남들에게 통제권을 행사하는 모습을 보여야 한다고 생각하는 사람들은 리더십이라는 말을 암호처럼 사용한다. 하지만 그들이 생각하는 리더십과 진정한 의미의 리더십은 거리가 멀다.

다시 한번 강조하지만 통제권을 손에 넣으려는 욕구는 정상적이고 자연스러운 것이며, '통제권을 장악'하고 있는 것처럼 보이고 싶은 마음은 누구에게나 있다. 하지만 그런 마음이 항상 바람직한 결과를 가져오지 않는다는 것이 문제다.

통제권을 추구하는 것은 사실 자기 자신과 깊은 관련이 있다. 지금과 달라지고 싶거나 더 나아지고 싶거나 자기 취향에 더 맞추고 싶은 마음 같은 것 말이다.

한편 통제권을 가진 것처럼 보이고 싶어 하는 이유는 자신의 이미지 즉, '다른 사람이 나를 어떻게 보고 생각하느냐'에 대한 욕구와 관련이 있다. 당신은 의식적으로 회사를 확장하거나 집을 정리하거나 강아지가 러그에 실수하지 못하게 교육하는 것을 떠올리겠지만 사실은 자신이 스스로에 대해 계속 생각하는 루프에 갇힌 것이다.

리더십은 통제에 관한 환상을 포기하는 개념이다. 자신의 진짜 모습을 보여주려는 의지를 갖고 자기를 넘어서는 큰 목표를 추구하며 다른 사람에게 봉사하려는 헌신적인 마음이다.

관련된 내용이 굉장히 많으니, 아래와 같이 몇 가지 부분으로 나누어 생각해 보자.

1) 통제에 관한 환상을 포기하는 것

자신에게 통제권이 없다는 점을 이미 알고 있으며, 그 점에 불만을 품지 않는다. 물론 때때로 그 사실 때문에 마음이 불편할 수 있고, 그런 마음을 억누르기 위해 의식적으로 노력해야 할지도 모른다. 하지만 통제권을 쥐고 이를 행사하는 모습을 남들에게 보이고 싶은 충동은 아주 강해서 절대 뿌리 뽑을 수 없다. 그런 욕구는 있는 그대로 받아들이고 잘 관리해야 한다.

그것만 빼면 진정한 리더십에 부합하지 않는 수많은 요소를 없애는 편이 훨씬 쉽다. 리더십에 해당되지 않는 요소에는 강압("당장 해! 안 그러면 가만두지 않겠어."), 뇌물 수수("넉넉하게 챙겨드리면 제가 원하는 방식대로 처리해주실 겁니까?"), 다른 사람과의 단절("그건 내가 직접 할게.") 등이 있다. 교묘하게 위장된 방식으로 나타나지만 모두 통제권을 장악하려는 충동에서 기인하는 행동이다. 전 세계 대부분의 사무실에서 열리는 회의는 거의 이런 요소 중 1~2개를 사용해서 통제권을 장악하려는 시도를 드러내는 대화로 이루어진다.

통제에 대한 욕구와 부정적인 충동을 통제하는 행위야말로 다른 사람에게 당신이 리더라는 인상을 심어줄 수 있는 중요한 첫 단계다. 통제권을 고려하고 이를 위해 노력하되, 통제권이 손에 들어오기 전까지는 선을 넘지 않도록 주의한다. 통제권에 대한 욕구를 버리지 않으면 결국 아무것도 이루어지지 않기 때문이다.

2) 자신의 진짜 모습을 보여주려는 의지

이 말이 무슨 뜻인지 이해하려면 흔히 생각하는 것처럼 많은 이들을 속이는 사람은 없을 것이라는 가능성을 열어두어야 한다. 시간이 지나면서 통제에 대한 욕구는 다른 사람의 눈에 보이기 시작할 것이고 사람들은 통제 욕구로 인한 악영향으로부터 자신을 방어하려 할 것이다.

지금까지 만난 직장 상사를 모두 떠올려 보라. 그러면 '리더' 역할을 맡은 그들이 모두 통제권을 가지려 하거나 최소한 그런 것처럼 보이는 데 집착했다는 점을 깨닫게 될 것이다. 이제 그런 태도가 자신에게 어떤 영향을 주었는지 생각해 보라. 그들이 당신에게서 최대한의 잠재력을 이끌어냈는가? 물론 직원에게 야근을 시키거나 성과급을 주는 방식으로 매우 단기적인 성과는 달성했을지 모른다. 하지만 직원 중 누구도 그들이 진정한 리더십을 보여주었다고 생각하지 않는다.

(위의 첫 번째 단계처럼) 통제하려는 욕구를 제쳐두면 사람들은 당신에게 남은 다른 무언가를 보게 된다. 바로 사람들에 대한 헌신적인 마음과 다 함께 성과를 도출하는 가능성에 대한 비전이다.

또한 당신이 가진 지식의 격차나 부족함, 당신이 원하는 목적을 달성하려면 자신들이 필요하다는 사실도 분명히 알아볼 것이다. 우리는 자신의 약점이 드러나는 상황에 상당히 불안해한다. 이런 불안은 정상적인 반응이다. 자신의 리더십 아래에 있는 사람들이 리더의 약점을 볼 수 있다는 점을 항상 기억하라. 그러니 사람들을 통제하려고만 하지 말고 헌신적으로 돌보고 도와줘야 한다. 그렇게 하면 다음의 세 번째 단계로 연결된다.

3) 자기를 넘어서는 큰 목표를 추구하며 다른 사람에게 봉사하려는 헌신적인 마음

당신을 고정 관념에서 벗어나게 도와주려는 우리의 마음이 느껴지는가? 당신이 리더로서 이끌어야 할 사람들 그리고 그들과 함께 달성해야 할 목표에 초점을 맞추면 통제권에 대한 욕구에서 벗어나게 된다. 이 부분은 대화의 나머지 부분과 거의 다 겹치는 것 같다. 그러니 여기서부터는 권력, 공동 창작, 책임, 확장성 등 다른 장으로 넘어가도 좋다.

일단 지금은 자신을 능가하는 보다 큰 목표에 집중하자. 지금 하는 일이나 현재 맺고 있는 인간관계에서 특별히 영감을 받는 중이 아니라면 통제권을 내려놓고 큰 목표에 집중하는 게 어려울 수 있다. 통제권을 내려놓고 기꺼이 자신의 진짜 모습을 남들에게 보여주면 당신의 인생에서 몇 가지 모순이 드러날지도 모른다. 그래도 괜찮으니 너무 걱정하지 말기 바란다! 이 단계를 거치면 당신이 진정한 리더로 거듭나는 첫걸음을 뗄 수 있다. 또는 회사를 설립하거나 새로운 상품을 배송하거나 부서를 더 확장하려는 마음이 얼마나 간절한지 깨닫는 계기가 될지도 모른다.

실패하거나 자신의 이미지가 망가질지 모른다는 두려움을 내려놓으면 목표를 향한 자신의 마음이 얼마나 진실하고 간절한지 확인할 수 있다. 자신을 능가하는 더 큰 목표를 확인하려는 욕구를 깨달으려면 이처럼 주변의 도움을 받아야 한다. 도움을 받으려면 그 전에 사람들에게 도움과 돌봄을 베풀어야 한다.

직원들을 개개인으로 이해하고, 그들이 성공하는 데 필요한 조건이나 환경을 솔직하게 검토해주고, 주의를 흐트러뜨리지 말고, 관료주의적인 요소로부터 그들을 지켜주며, 풍족한 보상을 지급하고, 그들이 세운 공을 하나도 빠짐없이 인정해주어야 한다. 즉, 그들을 통제하는 행위는 하나도 필요하지 않다. 직원들은 당신이 목표를 달성하는 데 꼭 필요한 소중한 존재다.

당신이 직원들을 섬기는 위치에서 일하면 그들도 리더인 당신의 목표를 곧 자신의 목표로 여기는 환경이 조성되며, 일이 원활하게 진행되기 시작한다. 그리고 회사가 한층 더 효율적인 방향으로 움직일 것이다.

이 책에서 제시하는 리더십의 정의는 취약성, 서비스, 신뢰, 자신과 철저히 분리된 더 큰 목표를 열망하는 마음이라고 생각할지 모른다. 사람들은 따르고 싶고, 바람직하다고 생각하는 인간상을 리더십이라고 여긴다. 지금까지 함께 일했던 모든 직장 상사를 다시 한번 떠올려 보자. 그들 중에 이런 리더가 있었는가? 학교, 사회단체 등 다른 환경도 생각해 보기 바란다.

진정한 리더는 눈에 금방 띈다. 그들을 보면 볼수록, 더 큰 목표를 위해 봉사하는 마음으로 일하고 있다는 점을 깨달을 것이다. 그

런 리더십은 아랫사람의 마음을 움직여 협조하게 만들며 결국 목
표를 이루어낸다. 그게 바로 진정한 리더십이다.

2장

___

목표

**어떤 일을 하거나
하지 않거나에 대한 이유**

포커 게임을 하거나 스포츠 게임에 베팅한 적이 있다면 '도박사의 오류'가 어떤 느낌인지 잘 알 것이다. 쉽게 말해서 특정한 사건이 과거에 자주 발생했다면 미래에는 발생할 가능성이 적으며, 반대로 과거에 거의 발생하지 않았다면 미래에는 발생 가능성이 많다는 뜻이다. 지금까지 상대방이 좋은 카드를 모조리 가져갔다면 결국 당신도 언젠가는 좋은 카드를 모조리 휩쓸어 가는 사람이 될 것이다. 당신이 응원하는 축구팀 선수들이 몇 주간 계속 부진했다면 이번 일요일에는 승리할지도 모른다고 생각할 수 있다.

지금까지 살면서 단 1달러도 내기에 건 적이 없다고 해도, 이런 현상을 겪은 적이 있을 것이다. 언젠가는 내 차례가 돌아올 것이라는 기대가 있기 때문이다. 다르게 표현하자면 카르마 때문에 모든 사람이 동등해진다. 떠나간 것은 결국 되돌아오며 누구나 인생 최고의 순간을 맞이할 수 있다. 하지만 그 순간이 영영 안 올 가능성도 존재한다. 도박자의 오류는 명백히 틀렸다. 그러니 오류라고 부르는 것이 아니겠는가. 사실 어떤 일이 발생할 확률은 매번 같다. 아무리 게임을 해도 내가 좋은 카드를 모두 얻는 차례는 오지 않을 수 있다. 내가 응원하는 축구팀이 처음부터 끝까지 계속 질 수 있고, 인생 최고의 순간은 영영 오지 않을지도 모른다.

도박사의 오류는 명백히 거짓이지만 많은 사람은 이를 친숙하게 여긴다. 그래서 실패를 겪을 때 마음을 달래는 방법으로 많이 사용한다. 뻔하고 부담스러운 거짓말을 있는 그대로 받아들일 수 없기에 무의식적으로 거짓 희망을 안겨주는 설명을 찾는 것이다.

카드 게임을 잘하는 사람에게 물어보면 좋은 카드가 손에 들어올 때까지 무작정 기다리는 건 게임을 이기는 전략이라고 할 수 없다. 당신이 베팅한 말이 경주에서 매번 진다면 그건 당신이 선택하는 데 서툴기 때문이다. 도박은 수많은 단점과 위험이 있지만 목표를 가지고 일과 인생에 접근하는 면에서 몇 가지 중요한 교훈을 준다. 카드 게임을 할 때 막연히 '어떻게든 되겠지' 하고 생각하면 결국 크게 실망한다는 교훈이다.

이쯤 되면 '여기서 말하는 목표가 전략이나 준비를 말하는 건가?' 하고 생각할지 모른다. 절대 그렇지 않다. 어떤 사람에게는 '목적'이 철학이나 영적 방향을 뜻하는데, 그것도 좋은 뜻이다. 하지만 여기에서는 자신과 다른 사람을 위해 구체적인 결과를 낸다는 뜻으로 목표라는 표현을 사용했다.

목표란 당신이 어떤 일을 하거나 하지 않는 명확하고 구체적인 이유다. 사람을 고용해서 어떤 일을 맡길지 결정할 때 대략적인 틀의 역할을 하며, 어떤 상품이나 서비스가 존재하는 이유를 명확히 알려주기도 한다. '왜'라는 모든 질문도 목표에서 답을 찾을 수 있다. 목표는 전략, 전술, 비전과는 전혀 다르다. 한마디로 지금까지 말한 모든 것에서 목표가 가장 중요하다. 목표는 단지 카드 게임을 즐기는 것이 아니라, 게임에서 이기려고 참여한 것이며 그에 따르는 책임을 받아들이겠다는 뜻이다.

단순한 게임 하나만 생각해 봐도 목표가 없는 상태가 얼마나 위험한지 알 수 있다. 게임 법칙은 보편적이며 결과는 즉각적이고 명백하게 드러난다. 규칙을 어기면 처벌을 받고, 규칙을 지키면서 게임을 이어가면 보상을 받는다. 또한 목표를 명확히 가지고 게임을 진행하는 사람들이 성공할 확률이 크다는 점은 모두가 다 안다. 이기려는 굳은 의지가 있으며, 배우고 연습하고 노력하고 애쓰는 등 이기는 데 필요한 모든 과정을 거치는 사람이 승리를 거머쥘 확률이 가장 높다.

실생활로 눈을 돌려보면 상황이 훨씬 더 복잡해진다. 규칙은 불분명하고 결과를 구분하기 어려우며, 모든 것이 개인의 관점에 달린 듯 보일 수 있다. 하지만 실제로 직장에서 직면하는 대부분의 상황은 다음과 같다. 자기가 누군지 또는 어떤 역할을 해야 하는지 명확히 모른 채 그냥 출근하는 사람들을 맞닥뜨리는 일 말이다. 그들은 그저 좋은 카드가 들어오기를 바라는 게임 플레이어와 같아서 언젠가 자신에게도 승기를 잡을 차례가 올 것으로 생각한다. 한마디로 목표가 부족하다.

이 시점에서 많은 사람이 '나는 그렇게 생각하지 않아'라고 말하고 싶은 충동을 느낄 것이다. 사람들에게는 목표가 있다! 그들은 돈을 벌어서 사랑하는 사람을 부양하고 일을 통해 새로운 것을 만들어내고자 한다. 전부 맞는 말이다. 하지만 우리가 말하는 차이는 그들이 어디까지 성공할 수 있느냐에서 갈린다. 모든 사람이 게임에 참여하거나 이기고 싶어 하지만 이기는 데 필요한 책임을 지려는 사람은 많지 않다. 힘들게 일하는 것이 무서워서 그런 건 아니다. 실패에 대한 두려움 때문에 주춤한다.

리더가 되기로 굳게 결심하는 것과 다른 사람이 당신을 리더로 뽑아줄 때까지 기다리는 것은 하늘과 땅 차이다. 전자에는 목표가 있으나 후자는 두려움뿐이기 때문에 이를 검증하기 위한 행동이 필요하다.

목표는 개인과 조직을 괴롭히는 최악의 질병 몇 가지를 마법처럼 치료해주는 직업용 페니실린이라고 할 수 있다. 목표가 있으면 커리어가 수렁에 빠지거나 덩치만 크고 효율성이 떨어지는 관료주의에 발목이 잡히거나 중요한 상품·서비스인 듯 겉모습만 번지르르하게 만든 무의미한 일과 같은 문제들을 방지할 수 있다. 이제부터 하나씩 자세히 살펴보자.

커리어가 수렁에 빠지는 문제는 그냥 적당히 좋은 상태라는 위기를 말한다. 수렁이라는 말 때문에 답답하고 지저분하게 느껴질 수 있지만 겉으로 보기에는 꽤 멀쩡할지 모른다. 쉽게 말해서 좋아하는 일은 아니지만 보수가 좋기 때문에 그만두기에 아까운 직업과 같다. 그런 직장에 다니면 기억에 남는 자기 표현이나 타인과의 유의미한 소통 없이 하루하루가 지나간다. 결혼을 하고 집을 사고 자동차를 두 대 소유하는 등 인생은 편할지 모른다. 하지만 시간이 흐르면 책임감이 너무 커진다. 부양가족이 많아서 그 일을 그만두거나 다른 일을 찾을 엄두조차 낼 수 없는 마비 상태에 빠지기도 한다. 실제로 수백만 명이 넘는 사람이 이러지도 저러지도 못하는 상태에 빠져 있다.

그러나 목표 지향적인 사고방식을 가지면 자신의 인생과 커리어에서 리더다운 면모를 발휘하며 진정한 변화의 가능성을 만들어 낸다.

관료주의적인 대기업은 조직에 목표가 없다는 상태로 볼 수 있다. 스타트업의 에너지와 생명력을 확장하고 유지하는 일은 어렵기로 악명이 높기 때문에 직원이 일정 수 이상이 되면 비대하고 비효율적인 기업이 되는 게 불가피하다. 아무튼 방향타 없는 기업에는 목표 없는 사람들이 몰려든다. 비대한 기업에서는 그런 사람이 전문가인 척하거나 자기가 하는 일을 잘 아는 사람처럼 보이기 훨씬 쉽기 때문이다. 하지만 그런 식의 허울뿐인 행동은 혁신, 민첩성, 업무 사기 등 많은 부문에 심각한 해를 끼친다.

마지막으로 명확한 가치 제안이 없는 상품·서비스에서 목표가 부재한다는 사실이 드러나기도 한다. 이런 상품이나 서비스는 끝없는 주간 회의와 집단 사고의 결과물이다. 인터넷에는 무슨 말인지 이해할 수 없는 태그라인, 이미 시장에 나와 있는 제품을 아주 조금 변형한 것, 소위 경쟁사를 따라잡는 데 도움이 된다고 여겨지는 각종 업데이트 자료가 넘쳐난다. 목표가 없거나 목표를 상실한 개인·기업이 바로 그런 물건을 만들어낸다. 컴퓨터, 서랍, 하드 드라이브를 어지럽히기만 하는 쓸데없는 물건 말이다.

리더 역할을 하면서 새로운 것을 만들려는 목표를 가진 사람은 커리어에서도 막다른 골목에 다다르는 일이 없다. 그런 사람은 고상한 비전을 제시하여 사람들을 끌어모으는 힘이 있으며, 목표를 향해 사람들을 이끌어간다. 이렇게 하면 기업이 필요 이상으로 비대해지는 일을 막을 수 있고, 간결하면서도 유연성 있는 인프라를 유지할 수 있다. 실패에 대한 두려움 대신 목표를 가지고 일하면 명확하고 설득력 있는 이유를 지닌 상품이나 혁신적인 신규 서비스를 만들어낼 수 있다. 그러면 직원들도 그런 상품을 보유한 것에 자부심을 느끼고 계속 개발·보완하여 더 나은 상품으로 업그레이

드하고자 노력할 것이다.

이 과정에는 다른 개념이 많이 관련되어 있는데 자세한 점은 다른 장에서 다룰 예정이다. 하지만 목표가 본격적인 시작을 알리는 점화 장치 역할을 하는 것은 틀림없다.

모호한 느낌이 여전히 남아 있다면 목표를 그저 하나의 결정이라고 생각하면 된다. 일단 선택했다면 누군가의 허락이나 권유를 받지 않고도 자기가 선택한 대로 행동하는 의지를 말한다. 그러니 온갖 두려움과 불안한 감정이 고조되는 것도 이해할 만한 일이다. 목표에 따라 행동하려면 목표에 집중하면서 실패를 겪을 위험을 감수해야 한다. 위험을 감수할 마음을 먹으면 힘이 샘솟고, 그 힘으로 뒤이은 모든 과정을 감당할 수 있다. 다른 대안이 있을까? 그저 당신의 손에 좋은 카드가 들어오기를 기대해 볼 수 있겠지만 목표를 항상 염두에 두기 바란다. 잠시 기다리면서 행운이 당신의 손을 들어주는지 지켜보자.

3장

권력

**만들어내고, 공유하고,
키워라**

다들 억지로 무언가를 했던 경험이 있을 것이다. 특히 부모님의 권위에 따라야 했던 아주 어린 시절에 겪은 경험이 많을 것이다. 학교, 여름 캠프, 첫 직장 등은 모두 일종의 거래와 관련이 있다. 상대방이 말하는 대로 따르면 상대방은 내가 어떤 것을 하거나 갖도록 허락해준다.

우리는 모두 성장하면서 자신보다 더 큰 힘을 가진 사람이 항상 있다고 배웠다. 나보다 덩치가 크거나 부모처럼 권한·징계할 권한이 있는 사람이거나 내 월급을 좌지우지할 수 있는 사람 말이다. 공손하게 행동하는 것, 다시 말해서 내가 하고 싶은 것은 잠시 제쳐두고 권한을 가진 사람이 원하는 대로 따르는 행동만이 용돈을 계속 받아내는 방법이자, 농구팀에서 쫓겨나지 않는 비결이며, 해외 유학을 지속하는 방법이다. 하지만 그런 과정을 겪는 내내 언젠가는 지금보다 힘을 많이 키워서 마음대로 결정하고 싶다고 생각했을 것이다.

많은 사람이 바로 그런 순간에 권력의 의미를 자기 마음에 깊이 새겼을 것이다. 권력을 설명하는 화려한 수식어나 복잡한 방법도 많겠지만 기본적으로 말해서 권력이란 지렛대 즉, 상대방이 어떤 일을 하거나 하지 않게 만드는 힘이다. 그리고 권력은 주어진 상황과 관련된 경우가 많다. 일반적으로 권력은 지위에 따라 허용되며, 운이 좋아서 권력을 물려받는 사람은 편하게 권력을 누릴 수 있고, 아주 포악한 사람들은 자기 힘으로 권력을 차지하기도 한다고 여겨진다.

이 책에서는 권력을 조금 다른 의미로 설명할 예정이다. 권력을 이해해야만 리더십, 공동 창작, 권한 부여와 같은 리더십의 상위 개념을 제대로 파악할 수 있다. 일단 여기에서는 권력이라고 부르는 현상에 집중해 보자. 많은 사람이 권력이라는 말을 통제권이나 강압을 뜻하는 단어로 사용한다.

그러나 **권력은 변화의 가능성에 아무런 제한이나 제약 없이 접근할 수 있다는 뜻의 개념이다.** 권력은 스스로 부여하거나 허용하는 것으로, 제한이 없으며 다른 사람이 빼앗아 갈 수 없는 대상이다. 또한 언제 어디에서나 접근할 수 있고 사람들 사이를 오가면서 일이 원활하게 진행되도록 해준다. 신중하게 권력을 사용하면 스파크나 전류처럼, 밝은 빛을 내는 전기 반응처럼 다른 사람을 활성화시킬 수 있다. 또 다른 사람들도 여기에 플러그를 꽂을 수 있고, 자신만의 권력을 발견하여 기존의 권력에 힘을 보태줄 수도 있다.

우리가 권력이라고 생각한 것에 대한 초기 경험은 대부분 강압이나 뇌물 수수와 관련이 있다. 강압이란 무력을 사용한 위협을 통해 상대방에게 영향력을 행사하는 행동이고, 뇌물 수수란 보상을 약속하는 방식으로 상대방을 좌지우지하는 행동이다. 둘 다 특정 행동을 유발할 수 있지만 상대방이 잠재력을 발휘하도록 도와주거나 환경을 완전히 바꿔주지는 못한다.

우리가 생각하는 권력은 창조 및 변화라는 개념과 불가분의 관계다. 권력은 새로운 것이 발생하게 만들지만 강압과 뇌물 수수는 기존에 이미 자리 잡고 있던 계급 구조를 사용하거나 더 확장시킨다. 흔히 말하는 권력과 관련된 기분 나쁜 경험을 돌이켜 보면 '권력을 가진 자'의 지위를 보호하고 다른 사람이 권력을 키우지 못하게 억누르는 일이 많았을 것이다. 끝없이 자신의 지위는 높이고 다른 사람을 억누르는 행동은 호기심과 창의성을 말살시키고, 분개심을 키우며, 결국 뻔한 결과를 낳을 뿐이다.

생산적인 권력, 다시 말해서 변화를 가져오는 권력은 개인의 사리사욕을 훨씬 능가하는 고귀한 목표를 추구하며, 목적·행동에 따라 사람들의 지위나 위치를 제자리에 배열한다. 이런 권력은 계급 구조와 무관하며 개인의 지위나 정치적 이득에 대한 관심에서 시작되는 것도 아니다. 당신도 이런 권력을 분명히 경험했을 테지만 그 순간에 이를 권력이라고 생각하지는 않았을 것이다. 단지 '누구나 기뻐할 일'이라고 생각하거나 '아무개 씨가 나를 믿어주는구나', '이건 일생일대의 기회가 찾아온 거야'라고 느꼈을지 모른다. 이런 반응은 모두 변화를 이루기 위해 사람과 사람 사이에 권력이 오가는 상호 작용이다. 상대방이 억지로 시켜서 무언가를 하는 느낌과는 전혀 다르다. 진정으로 바라는 결과를 위해 행동하는 자유를 맛보는 일이다.

누구나 자기 내면에 권력을 만들 수 있다. 그리고 이를 다른 사람과 공유하여 새로운 것을 창출하거나 변화를 도모할 수 있다. 그리고 어떤 조직·단체든 권력을 키워갈 수도 있다.

1) 권력 만들기

개인의 권력에 접근하는 일은 모든 것을 가능성으로 보려고 노력하는 태도에서 시작된다. 이렇게 하려면 시간과 참을성이 필요하다. 그동안 옳다고 생각한 것이나 배운 것의 상당 부분을 버려야 하기 때문이다. 첫째, 비교적 단순하고 가벼운 일부터 시작해 보자. 방 하나를 정리하거나 하루만이라도 정크푸드를 먹지 않거나 일주일간 직장에서 긍정적인 태도를 유지하는 것을 시도해 본다. 머릿속에 일련의 상황과 설명이 폭포처럼 쏟아지면서 불가능하다는 생

43

각이 가장 먼저 자동으로 떠오를 것이다. 그런 생각이 들어도 굳이 외면하거나 부정할 필요는 없다. 생각의 흐름이 자연스럽게 이어지도록 내버려두면 불가능하다고 생각되는 모든 이유가 정리될 것이다. 그다음에 하나를 다르게 바꿔보기로 결정한다. 다른 생각은 모두 무시하고 딱 하나만 살짝 바꿔보기로 했으니 이를 실천할 권한을 자신에게 부여하면 된다.

규모는 작아도 이것이 권력 생성의 시작이라고 할 수 있다. 자신의 한계를 극복하고 스스로에게 무엇이든 바꿀 힘이나 권력이 생겼다는 점을 깨닫는 것 말이다. 이렇게 생긴 권한을 적용하면 권력이 고갈되는 것이 아니라 점점 더 늘어나는 것을 느낄 수 있다. 그래서 더 많은 변화가 가능하다. 이진의 변화는 새로운 가능성을 찾아준다. 그리고 다른 변화의 가능성도 하나씩 눈에 보이기 시작할 것이다.

2) 권력 공유하기

일단 권력을 손에 쥐거나 권력에 가까워지면 사람들이 당신을 대하는 태도가 확 달라진 게 느껴질 것이다. 하지만 자신이 권력의 중심에 선 사람이라는 것을 널리 알리려는 마음이 있다면 접어두기 바란다. 아직 슈퍼히어로와 같은 힘을 가진 건 아니기 때문이다. 그보다는 다른 사람과 함께 노력해서 어떤 일을 해낼 수 있는지 잘 생각해 보기 바란다. 업무에 집중할 때 권력 즉, 힘이 흘러나오기

44

시작한다는 점을 기억해야 한다. 자신이 방을 잘 정리할 수 있는 사람이라고 생각하면 방을 정리할 힘이 생긴다. 마찬가지로 권력을 다른 사람과 공유하려고 노력하면 변화가 일어난다. 우선 상대방과의 공통 관심사나 목표에 맞춰 어떤 일을 함께하면 좋을지 잘 생각해 봐야 한다.

권력을 공유한다는 것을 가장 단순하게 표현하는 방법이 있다. 바로 원하는 것을 얻을 때까지 무작정 기다리는 게 아니라 배우려는 자세로 다른 사람의 말에 주의를 기울이는 방법이다. 상대방에게 그들의 생활이 어떤지, 당신과 함께 일하는 것이 어떤지 물어보고 그들의 관점에서 세상을 보려고 노력해 보라. 그다음에 잘 들어주기만 하면 된다. 그게 전부다. 잘 듣고 그들의 말을 온전히 받아들이고, 시간과 노력을 들여 이야기해준 일에 감사를 전하는 것도 잊지 말기 바란다.

아주 간단한 행동이지만 이렇게 하면 그들이 당신을 보는 눈이 달라질 것이다. 그리고 그들과 당신 사이에 가능하다고 생각하는 일의 범위도 달라질 것이다. 거기에서 시작해서 함께 행동하고 하나의 팀으로서 권력을 활용하는 방법을 고민해 보라.

3) 권력 키우기

조직 수준에서 권력을 키우려면 목표를 가지고 꾸준히 관심을 기울여야 한다. 권력을 키우는 행동은 개인의 배경이나 동기에 따라 잘 되다가 나빠지기를 반복한다. 모든 조직은 규모의 영향을 받기 때문에 강압적인 분위기가 되는 문제가 쉽게 발생한다. 단체 심리는 사람들이 미처 알아차리기도 전에 그들의 마음을 장악해버리고 정치와 계급 제도, 힘의 논리가 당연시된다.

창의력이 적정 상태로 공급되는 상황을 유지하려면 리더는 풍요와 안정이나 자신의 권력 강화에 만족하지 말고 더 높은 목표를 설정해야 한다. 리더는 팀원의 말에 귀를 기울이고 잘 듣는 태도를 지닌 관리자를 고용해야 한다. 또한 교육, 상담, 다양한 피드백, 대인 관계를 강화해주는 여러 가지 도구를 사용하여 직원들이 발전하도록 지원하는 데 전력해야 한다.

이렇게 노력해도 규모가 큰 조직에서는 권력이 널리 공유되기 힘들다. 갑작스러운 변화나 개인의 노력으로 권력이 생길 때도 있지만 직원이 150명 이상인 회사라면 우리가 말하는 권력을 유지하는 일이 매우 어려울 테다.

대부분의 기업은 비전을 앞세운 튼튼한 파트너십과 소규모 팀에서 시작하여, 나중에 비대한 기업으로 성장한다. 그것도 나쁘지는 않다. 대기업이라는 조직은 직원에게 급여를 주고, 의료 혜택을 제공하며, 가정과 사회 경제를 유지하는 데 큰 역할을 맡고 있기 때문이다. 하지만 개인적으로 권력에 관한 경험이 있다면 어떨까?

또 권력을 잘 활용해서 놀라운 일을 이루어내기 시작했다면 어떨까? 그런 경우라면 비대한 기업에 몸담고 있어도 진정한 행복을 느낄지 모른다. 그처럼 생산적인 권력이나 힘은 중독성이 있다는 점도 반드시 알아두어야 한다.

왜 미리 경고해주지 않았느냐고 원망하지 말기 바란다.

4장

온전성

신뢰가 바탕인 사람이 되라

회의에 늦으면 잘못한 걸까? 짜증이나 분노를 일으킬 수는 있다. 하지만 과연 그게 도덕적이나 윤리적으로 잘못일까? 수많은 사람이 그렇지 않다고 답할 것이다. 회의에 조금 늦는 건 잠시 실례를 범하는 것일 뿐이다.

비슷하게 직장 동료에게 목요일에 어떤 자료를 보내겠다고 말해놓고 실제로는 금요일에 보낸 경우를 떠올려 보자. 이런 일은 워낙 흔하고 변명의 여지가 충분하다고 여겨진다. 어떤 직업에서든 적극적으로 계획을 세우거나 수정하는 데에는 오랜 시간이 걸리지 않는다. 함께 일하는 사람들이 저마다 시간이나 노력, 책임에 대해 나름의 사정이 있을 테고 자기 입장도 때에 따라 달라지기 때문이다. 예측 불가능한 행동이 매우 심각한 단계로 치닫지 않는 한 사람들은 업무 자료가 하루쯤 늦어진 건 괜찮다고 여길 것이며, 규모에 관계없이 대부분의 회사가 이를 용인할 것이다.

우리는 신뢰를 갉아먹는 행동을 운이 나빠서 피할 수 없는 일로 생각하는 경향이 있다. 도덕적 질타를 받아 마땅한 고의적인 속임수와는 다른 것으로 여기기도 한다. 하지만 다시 생각해 보자. 회의에 지각하는 것은 잘못일까? 그렇지는 않다. 지각하면 도움이 전혀 되지 않는 걸까? 물론 그렇다. 사실 회의에 지각할 때 발생하는 피해는 많은 조직이 상상하는 것보다 훨씬 더 심각한 수준이다.

이제 온전성이라는 개념을 소개할 때가 된 듯하다. 많은 사람이 이 단어가 도덕이나 윤리적 맥락에서 옳고 정당한 행동을 가리키는 것이라고 생각한다. 그것도 틀린 말은 아니다. 하지만 이 책에서는 '온전하고 완전한 상태'라는 의미로 사용된다. 현수교를 논할 때 온전성은 다리가 **빠진 부분 없이 온전하며 함부로 변경되지 않았고, 원래 설계된 목적대로 사용할 만반의 준비가 된 상태**를 가리킨다. 만약 케이블 몇 개가 설치되지 않았다면 이는 온전성과 거리가 먼 상태다. 도덕적으로 문제가 있다고 말할 수는 없지만 일단 이 다리를 건너는 일은 위험하다고 여겨질 것이다.

회의에 지각하거나 마감일을 놓친 경험으로 돌아가 보자. 어떤 사람이 어디에 가거나 무엇을 하겠다고 말한 후에 그 말대로 하지 못하면 온전성을 잃게 된다. 자기가 한 말을 지키지 못했기 때문이다. 그렇다고 해서 '나쁜 사람'이라고 단정 지을 수 없다. 그저 주변 사람들은 이 사람을 계속 믿어도 될지 모르겠다고 생각한다. 그 사람에게 연결된 다리가 조금 삐걱거리는 듯 보일 뿐이다.

이렇게 생각해 보자. 당신은 물론이고 함께 일하는 모든 팀원이 언제나 자기가 말한 것을 틀림없이 지킨다고 가정하는 것이다. 이 때 어떤 사람이 온전성 즉, 약속을 지키지 못할 상황이 생겼다. 그러면 그는 관련된 모든 당사자에게 이 상황을 알리고, 이로 인해 발생한 문제에 책임을 지고 해결하거나 처리할 것이다. 요즘 직장에서 흔히 겪는 상황과는 너무나 달라서 이런 상황을 상상하는 게 어려울지도 모른다. 솔직하고 직접적이며 투명한 대화를 통해 부서의 각 직원을 확실히 믿을 수 있다면 어떨까? 실수나 부정행위가 발생할 가능성을 가정해 보고 그에 대한 조처를 생각하느라 시간을 허비할 필요가 없다면 어떨까?

개인이든 회사든 온전성이 보장되면 일 처리 속도가 빨라진다는 것이 가장 확실한 장점이다. 사람들이 더 열심히 일하거나 더 빨리 일한다는 뜻은 아니다. 하지만 무슨 일이 일어나거나 일어나지 않을 것이라는 점을 실제로 잘 알고 있는 게 업무를 하는 데 도움이 된다. 이만큼 두드러지지는 않지만 사실 더 중요한 이점이 있는데, 그것은 바로 신뢰다. 행동에 온전성이 드러나면 신뢰도가 높아지고, 이를 기반으로 혁신·협업 등에 박차를 가할 수 있다.

지금까지 살펴본 온전성의 뜻을 더 깊이 알아보기 위해 예시를 들어보겠다. 어떤 팀장이 팀원에게 보고서를 제출하라고 요청한다. 온전성이 다소 부족한 환경에서는 다음과 같은 상황이 벌어진다.

❈ 팀장은 그 일을 주말까지 끝내면 된다는 것을 알지만 팀원이 늦게 낼까 봐 걱정스러운 마음에 마감일을 더 앞당겼다. 팀원이 이전에 일 처리가 늦은 적이 있기에 그를 믿지 못해서 실제 마감일을 알려주지 않는다.

❈ 팀원은 팀장이 마감일을 마음대로 앞당겨놓고도 그렇게 바뀐 날짜를 종종 잊어버린다는 점을 알고 있다. 그는 팀장이 마감일을 앞당긴 것을 기억하지 못할 거라고 여겨서, 심사숙고하지 않고 앞당겨진 마감일까지 일을 끝내겠다고 대답했다. 속으로는 팀장이 정말 급하면 일을 다 했는지 물어볼 거라고 생각한다.

❈ 겉보기에는 주말까지 보고서를 끝내는 것으로 양측이 합의한 듯이 보이지만 둘 다 보고서가 정확히 언제 넘어올지 모르는 상황이다.

이렇게 글로 써놓고 보면 말도 안 된다는 생각이 든다. 하지만 현실에서는 이런 상황이 비일비재하며, 이에 따라 초래되는 비효율성은 심각한 수준이다. 마치 배우 2명이 각각 팀장과 팀원 역할을 맡아 연기를 하는데 지켜보는 관객도 없고 연기자 두 사람과 회사 누구에게도 좋을 것이 하나도 없는 상황과 같다.

이쯤 되면 어떤 사람은 '원래 다 그런 거 아니야? 인간은 불완전하니까 신뢰를 쌓기 어려운 건 당연하지. 이런저런 일을 겪으면서 인생이 흘러가는 거야. 그냥 우린 최선을 다하면 되는 거잖아. 안 그래?' 하고 생각할지 모른다.

미안하지만 그건 옳은 생각이 아니다. 패배자의 관점에 불과하다. 훨씬 높은 수준의 온전성은 현실적이며 달성이 가능하다. 온전성을 지닌다면 경쟁 우위를 선점한 것으로 간주할 수도 있다. 그런 수준에 도달하는 방법 몇 가지를 소개하자면 아래와 같다.

1) 먼저 자신과의 약속을 잘 지킨다

자신과의 약속을 지키지 못하면 남에게 온전성을 행동으로 보여주거나 가르칠 수 없다. 흠이 없는 완전한 사람이 되어야 한다는 뜻이 아니라 나 자신의 진실성을 의식하면서 스스로 정한 약속이나 목표에 온 정성을 쏟으라는 말이다.

이 말을 들으면 아침에 일찍 일어나서 뛰러 나갈 생각이었지만 결국 늦잠을 자버린 상황을 두고 혼나는 것 같다고 생각할지도 모른다. 그럴 때는 반대로 해 보면 효과가 있다. 아침에 일찍 일어나는 게 어렵다면 거울 앞에 서서 출근 준비를 하기 직전까지 최대한 잠을 청하겠다고 선언해 보라. 쉽게 말해, 자기 자신에게 솔직하게 마음을 털어놓는 것이다. 이렇게 자신에게 솔직해지는 것이 습관이 되면 달리기에 시간을 내는 일이 훨씬 쉬워질 것이다.

2) 다른 사람에게 한 말을 잘 지켜라

이렇게 하려면 우선 다른 사람이의 모든 요구나 부탁을 들어주려는 태도를 버려야 한다. 주변 사람에게 실망을 주는 것 같아서 마음이 불편할 수도 있다. 하지만 거절하면 상대방이 실망할 거라는 두려움과 부탁받거나 약속한 대로 행동하지 않을 때 상대방이 어떻게 느낄지를 비교해 보라.

부주의하게 상대방의 말에 고개를 끄덕이는 것은 일시적·단기적인 고통 회피다. 실제로 약속을 지키지 못할 때 감당해야 하는 분노나 어색함, 신뢰를 잃는 상황과 같은 심각한 결과에 비하면 애초에 부탁을 거절하는 건 그리 큰 문제는 아니다. 약속을 지키지 못할 것 같다는 생각이 들 때 상대방에게 그 점을 솔직히 알리고 다른 사람에게 미치는 영향이나 피해에 대해 기꺼이 책임지는 태도야말로 온전성을 갖춘 행동이다.

3) 다른 사람에게 약속한 것을 반드시 지켜 달라고 요청하고, 온전성을 인간관계의 기본 원칙으로 삼는다

마지막 단계는 첫 번째 단계와 두 번째 단계를 철저히 이행한 사람에게만 적용된다. 자신과의 약속을 잘 지키고 다른 사람과의 약속도 성실히 지키면 결국 사람들도 당신을 그렇게 대한다. 당신이 그들을 실망시키지 않았으므로 그들도 당신을 실망시키지 않으려 할 것이다.

온전성을 지향하는 행동은 사람의 마음을 끄는 힘이 있다. 사람들은 온전성이라는 가치를 중시하고 행동으로 이를 실천하는 태도를 볼 때 당신을 상사나 동료 직원으로 바람직한 사람이라고 여긴다.

시간을 두고 지켜보면 온전성이라는 가치는 동업자나 투자자로서 믿을 만한 사람을 찾는 데에도 도움이 되며, 조직의 초석이 될 만한 인재를 기용하거나 자신이 그런 사람으로 성장하도록 이끌어줄 것이다. 단지 도덕적으로 옳기 때문에 그런 게 아니라, 실제로 효과적이고 유의미한 가치이기 때문이다.

5장

성과

관찰하고, 분석하고,
진심으로 사랑하라

나무로 만들어진 야구 배트가 엄청나게 빠른 속도로 야구공을 강타하면 독특한 소리가 난다. 커다란 나무가 갑자기 쪼개지는 듯한 소리다. 공이 투수의 손을 떠나 배트에 맞고 야구장 오른쪽 관중석으로 시속 150킬로미터가 넘는 속도로 날아갈 때 맨눈으로는 공의 궤적을 따라갈 수 없다. 처음에는 공이 날아가는 궤적이 잘 보이지 않다가 배트에 맞는 순간 큰 소리가 나고, 공이 관중석으로 날아드는 과정은 비교적 느리게 진행되는 듯이 느껴진다. 이렇게 공이 날아가는 과정을 경험하려면 시각과 청각을 둘 다 사용해야 한다. 현대 과학을 적용하는 야구 경기에서는 이를 결과outcome라고 한다.

마이클 루이스의 《머니볼》에서 가장 먼저 설명했듯이, 정보 시대가 되자 야구는 국가적인 오락거리가 되었고, 많은 선수와 감독에게 억울함과 분노를 안겨주었다. 그들은 컴퓨터가 내놓은 분석이 경기를 왜곡하고, 경험이 많은 사람이 눈으로 보고 판단하는 편이 컴퓨터가 내놓은 수치보다 더 가치 있다고 주장했다. 또한 그들은 게임 당사자만이 상대 선수를 실제로 평가할 수 있다고 주장했지만 사실 그건 틀린 생각이었다. 《머니볼》이 출간된 후로 야구 실적을 수학적·통계적으로 분석하는 세이버메트릭스가 널리 사용되었으며 그 효과는 누구도 부인할 수 없을 정도로 명확해졌다. 현재 모든 야구팀이 데이터 분석가, 연구원 등의 전문가를 고용하여 팀을 운영한다.

야구가 주는 느낌은 예전에 비해 거의 달라진 것이 없다. 공이 배트에 맞는 소리는 어떤 수식으로도 표현할 수 없으며 직접 들으면 기분이 짜릿하다. 그런데 경기는 아주 다르다. 전략이나 전술은 30년 전에 비해 크게 달라졌다. 라인업도 다르고 선수 평가 방식도 완전히 다르다. 결과를 표현하거나 평가하는 방식도 이전 세대와 딴판이다. 이 모든 변화는 경기에서 이기려는 강렬한 욕구 때문에 생긴 것이다.

최고 수준의 선수를 영입하려는 경쟁이 치열한 가운데, 최고의 선수를 영입할 자원이 부족한 야구팀은 필사적으로 경쟁력을 확보하고 유리한 고지를 선점하려고 노력한다. 이런 팀은 누구보다 성공을 갈망하는데 돈, 명예, 자부심, 생존이 달려 있기 때문이다. 그래서 성과performance를 높이고 실력을 개선할 수만 있다면 무엇이든 기꺼이 희생하려 한다. 이런 팀은 새로운 방식으로 데이터를 활용하여 팀을 꾸리고 돈이 많은 팀에서 미처 알아보지 못한 좋은 선수를 발굴하게 된 특별한 과정을 공개해왔다. 한마디로 이들은 시간이 갈수록 똑똑해지고 있으며 그 결과 경기에서 이기는 횟수도 늘어났다.

더 좋은 성과를 내기 위해 똑똑해지는 건 전혀 문제가 될 것이 없다.

이기고 싶다면 성과 문화를 조성하려는 의지가 필요하다.

성과는 특정 결과를 겨냥한 의도적인 행동이며, 성과의 가치를 가늠하려면 분석을 거쳐야 한다. 야구 배트를 휘두를 때 나오는 결과 즉, 공을 맞히거나 놓치는 행동을 가리키며 그 결과에 따라 승리의 확률을 높이는 쪽으로 전략과 전술은 수정되고 개선된다.

프로 야구 선수들은 초반에 성과라는 개념을 못마땅하게 여겼다. 자기에게 불리하다고 판단했기 때문이다. 어떤 선수가 홈런을 쳤다고 생각해 보자. 그는 코치가 공이 관중석까지 커다란 포물선을 그리며 날아가는 모습을 볼 때 느끼는 감동과 희열을 오래 기억하기를 원할 것이다. 코치가 '이 선수는 75회나 기회를 줘야 겨우 홈런을 한 번 치는구나'라며 타율을 머릿속으로 계산하기를 바라는 선수는 없다. 소프트웨어 개발자, 마케팅 담당자, 엔지니어, 건

축가도 마찬가지다. 다들 '오랫동안 주어진 조건에 맞게 조절한 성과가 평균적으로 어느 정도의 영향을 주었느냐'가 아니라 '최고의 실적이나 성과'로 기억되기를 바라는 게 당연하다.

성과 지향적 문화를 조성하는 건 쉬운 일이 아니다. 대기업 중에서도 데이터 중심 분석에서 두각을 나타내는 아마존은 사내에서 족제비 언어weasle words(교묘한 말을 뜻함─옮긴이)를 금지한 것으로 유명하다. 이메일이나 기록 등을 작성할 때 '거의 모든'이나 '훨씬 개선된'과 같은 표현 대신 구체적인 수치를 언급하되 작성자의 개인 의견은 넣지 않도록 권장한다. 좋은 의미든 나쁜 의미든 숫자가 직접 의미를 전달하게 하라는 뜻이다. 또한 질문을 받을 때는 아마존에서 정한 4가지 응답 방식 중 하나를 선택해야 한다. 예스, 노우, 수치, 그리고 '잘 모르겠습니다'라고 말한 후에 '자세히 알아보겠다'라고 약속하는 것 중에서 골라 대답해야 한다.

아마존이 수치로 말하는 방법을 어떻게 알아냈을까? 이 방법이 아주 효과적이라는 점은 논란의 여지가 없다. 하지만 과거 임원들과 직원들이 가한 신랄한 비판을 무시하기 어렵다. 아마존처럼 큰 기업의 경우, 실적은 비인간적인 제약으로 변질되기 쉽다. 우리가 원하는 건 조직이 팀원 개개인의 목표에 부합하는 최적화를 위해 노력하는 것이다.

1) 경기를 진심으로 좋아하는 사람들을 고용한다

대체로 야구 선수는 더 나은 경기력을 보여줘야 한다는 압박감을 잘 이겨낸다. 무엇보다도 야구를 진심으로 좋아하며 좋은 성적을 낼 때 엄청난 보상을 받을 수 있기 때문이다.

타고난 열정이 있으며 기술을 갈고 닦으려는 투지, 실패는 오래 기억하지 않는 사람을 찾는 게 좋다. 큰 경기를 해 본 투수는 공을 던지고 나서 1,000분의 1초 내에 배트가 갈라지는 것과 같은 큰 실수를 저질렀는지 아닌지 알아차린다. 훌륭한 투수는 경기 결과가 만천하에 공개되는 것을 감수하며, 결과가 좋지 않아도 금방 다시 경기장으로 돌아와서 경기에 참여한다. 그들은 관찰을 잘하고 결과 중심적인 환경에서 성과를 내려는 욕구와 의지가 강하기 때문에 실력을 더 쌓고 결국 승리하는 기회를 얻게 된다.

2) 자신과 주변 사람들을 위해 사용 가능한 성과 시간을 확장한다

본인의 일정을 한번 검토해 보라. 원하는 결과가 불분명하거나 결과를 추적할 수 없는 시간대가 길고 자주 등장하는가? 하루 중 많은 부분을 준비하거나 회복하는 데 사용하거나 다른 일에 주의를 빼앗기는가?

일과에서 불필요한 부분을 정리해서 본격적으로 경기가 벌어지는 곳에 더 많은 시간을 할애해 보라. 관리나 행정에 드는 시간을 반으로 줄여서 신규 고객을 찾는 데 더 많은 시간을 투자해 보라.

그러면 성공과 실패 중에서 하나의 결과가 나올 것이다. 여기서 말하는 성공은 더 많은 예산과 행정 업무를 맡아줄 인력을 채용할 수 있는 기회를 말한다. 실패란 어떤 방법으로도 본인이 직접 해결하지 못하는 문제가 드러나는 상황을 가리킨다. 부서나 팀의 일정도 확인해 보라. 개발자가 종일 회의에 참석하느라 시간을 다 보내고 있다면 무언가 잘못된 것이 아닐까?

모든 직원이 선수 대기석에서 계속 빈둥거리기만 하는지, 그렇다면 왜 그러는지 이유를 파악해야 한다. 직원들을 경기장에 내보내서 경기에 참여시키고 승리의 순간을 맛봐야 한다. 물론 이런 행위는 모두 수치로 측정할 수 있는 방식으로 이루어져야 한다.

3) 성과 분석의 결과가 어떻든 마음의 준비를 하고, 있는 그대로 받아들인다

당신이 맡은 팀원들이 항상 당신의 기대에 부응하는 모습을 보이거나 기대에 부응하는 행동을 하지는 않을 것이다. 하지만 이들은 당신의 아이디어를 실천에 옮긴다. 당신은 물론이고 이 회사를 통해 당신이 접근하려는 모든 고객에게 필요한 가치를 창출하는 주인공이다. 그러니 본인이 가진 편견에 얽매이지 말고 자료를 있는 그대로 해석하기를 바란다.

장기적으로 볼 때 성격이나 가치관이 서로 잘 맞는 사람만 모으거나 그저 관리자의 마음에 드는 사람으로만 팀을 구성하는 것보

60

다는 성과 중심 문화를 구축하는 편이 훨씬 바람직하다.

　핵심을 정리하자면 성과는 누군가에게 자신이 하는 일을 지켜보도록 허용하는 의지에 불과하다. 그런 관찰(과 분석)은 개선이 필요한 부분을 드러내주고 어떻게 하면 더 발전할 수 있는지 비결을 알려준다. 마지막에 던진 공이 자기 머리 위를 지나 외야석으로 날아갈 때 매우 속상하겠지만 그런 뼈아픈 경험이 계기가 되어 실력을 더욱 갈고닦으려는 의지를 불태우게 된다. 그러므로 다른 선수들과 함께 경기장에 나가서 경기 자체를 사랑하는 마음을 키우기를 바란다.

6장

객관성

판단을 내리지 않는다

우리는 허브차에 대해 이렇다 할 의견이 없다. 차를 즐겨 마시는 편이 아니고 예전이나 지금이나 차와는 거리가 멀다. 그래서 다양한 블렌딩 방식이나 차의 종류에 관해 할 말이 전혀 없다. 하지만 찻잎이 지속 가능한 방식으로 수확되면 좋겠다고 생각한다. 또 관련 일을 하는 모든 사람이 고생한 만큼 충분한 급여를 받기를 원한다. 무엇보다도 아주 안전한 방식으로 찻잎을 가공·포장했으면 좋겠다. 하지만 우리가 허브차에 대해 주기적으로 깊이 생각하는 건 아니다.

이처럼 차에 관심이 없어서 차를 주제로 대화할 때 거의 완벽에 가까운 객관성을 확보하는 것이 어렵지 않다. 주요 관심사가 아니기 때문에 주제를 있는 그대로 파악하고 오로지 성과만을 기준으로 제품의 다양성이나 차를 판매하는 기업을 판단할 수 있다. 차를 좋아하는 사람은 우리가 무언가 놓치고 있다고 생각하겠지만 무관심에서 기인한 명확성은 부인하지 못할 것이다.

우리의 일상에서도 이와 비슷한 점을 쉽게 찾을 수 있다. 당신이 좋아하지도 싫어하지도 않으며, 당신에게 해를 끼치지 않지만 관심의 대상도 아닌 제품이나 서비스를 떠올려 보라. 그러면 그 제품을 매우 명확한 관점으로 판단할 수 있다. 반면 당신이 아주 관심이 많고 좋아하는 제품은 어떨까? 의외로 그 제품에 대해서는 객관적이고 명확하게 판단하기 어렵다.

사람은 누구나 관심이 가거나 영감이 떠오르는 분야에서 일하고 싶어 한다. 창업을 하거나 이를 후원하는 자본가도 본인이 관심 있는 분야의 기업에 마음이 끌릴 것이다. 그들은 직면한 과제에 대해 특정 관점을 가지고 있는데 그런 관점 덕분에 열정이 생기고, 열정을 통해 얻은 힘으로 제품을 만들거나 홍보한다. 하지만 이들의 관점은 몇 가지 특이점을 불러오기도 한다. 우리는 어떤 대상을 중요하게 여기는 순간, 나와 다르게 생각하는 사람들이 거절할 가능성을 생각하게 된다.

개인이 자신의 세계관을 표현하고 이를 거부당할 때 자신을 보호하는 가장 일반적이고 보편적인 방법은 바로 판단을 내리는 방법이다. 점심에 수프를 먹을지 샐러드를 먹을지 결정하는 건 선택의 문제다. 샐러드가 유일한 선택지며, 수프를 고르는 사람은 틀렸다고 생각하는 것도 일종의 판단이다. 자신의 판단을 표현하는 일은 '나의 진실이 궁극적인 진실'이라는 표현이며 그 진실이 다른 사람에게도 똑같이 유효하고 참이 된다는 전제에 기반하고 있기 때문에 가능하다. **객관성은 판단을 내리지 않는 것으로써, 어떤 대상이나 상황을 마주할 때 그 대상이 자신의 구체적인 세계관과 맞는지 아닌지 따지는 것이 아니라, 오로지 그 대상의 역할이나 결과에 따라 측정해야 한다고 여기는 마음이다.** 수프를 좋아하면 수프를 주문하고, 수프를 싫어하면 안 먹으면 된다. 어느 쪽이든 만족스러운 점심을 먹을 수 있다면 다 괜찮다.

허브차 이야기로 잠깐 돌아가자. 고작 차에 관해 논하는데도 지속 가능성, 기회의 형평성, 안전 등 각자 의견이 분명한 요소가 몇 가지 개입한다. 이래야 세상이 더 나아질 수 있다고 생각되는 요소들 말이다. 물론 반대로 생각하는 사람도 있겠지만 반대 의견을 지닌 사람을 미워해서 그 사람이 나쁜 일을 겪기를 바라는 것도 아니다. 이 점을 다시 언급하는 이유는 객관성을 명확히 드러내는 수단이 되기 때문이다. 경쟁에서 앞서기 위해 경쟁자를 살해하는 소시오패스 같은 성향을 말하는 것도 아니다. 다 같이 해내야 할 일이나 프로젝트에서 최대한 높은 객관성을 확보하기 위해 노력하고, 다른 사람들도 그렇게 하도록 격려하자는 뜻이다.

일단 본인이 객관성을 더 예리하게 인식하도록 교육받고 나면 직장 곳곳에 판단이 난무하다는 사실을 깨닫게 되고, 그런 판단이 얼마나 해로운 결과를 불러오는지 알게 될 것이다. 스스로를 정말 열심히 일하는 직원이라고 생각하는 사람은 자기만큼 노력하지 않는 사람을 부정적으로 판단한다. 투자자는 창립자가 불필요한 지출을 한다고 생각할지 모른다. 애플 제품을 매우 좋아하는 소비자는 PC가 아니면 안 된다고 주장하는 사람들을 멋대로 판단한다.

이런 예시를 모두 종합해 보면 한쪽은 자신이 올바르게 살고 있다고 생각하는데, 이런 생각이 상대방과 협조하는 능력에 방해가 된다는 사실을 알 수 있다. 상대방에 대한 판단은 좀처럼 숨길 수 없으며, 종종 상대방을 경멸하는 형태로 나타나기도 한다. 다른 사람을 보면서 '도대체 왜 저런 식으로 행동하는 거지? 어떻게 그런 말도 안 되는 생각을 하는 거야?'라는 생각을 얼굴에서 숨기지 못하는 사람을 우리는 주변에서 쉽게 볼 수 있다.

그런데 현실에서는 모든 사람이 각자 다른 방식으로 일하거나 생각한다. 내가 보기에 게으른 동료는 사실 내가 사용하는 소프트웨어 플랫폼의 문제를 척척 해결해주는 천재인지 모른다. 투자금을 함부로 사용하는 것 같은 스타트업 창립자가 정말로 회사 운영비를 많이 낭비하긴 하지만 투자자에게 어마어마한 이윤을 되돌려주기도 한다. 애플 제품을 좋아하는 사람과 PC를 선호하는 사람은 각자 필요로 하는 기술적 요소가 다를 뿐이다. 이런 사례에서 판단을 내리는 사람이 오로지 기업의 성공이나 성공적인 협력에만 초점을 맞춘다면 판단을 내리는 게 아니라 곧바로 측정 결과를 도출할 것이다. 그리고 측정 결과에 따라 직장 동료가 업무에 더 많은 시간을 투자해야 할지, 창립자가 회사 운영비 지출을 줄일지, 또는 누군가에게 애플의 맥북을 쓰라고 강요할지 결정할 수 있다. 하지만 현실에서는 서로 자기가 옳다고 주장하며 대립한다.

내가 옳다고 주장하려는 욕구를 인지하고 관리하는 데에는 시간과 연습이 필요하다. 더욱이 이런 현상은 당사자가 인간관계나 기업의 권력 역학 내에서 어느 위치에 있느냐에 따라 크게 달라진다. 기업에 대한 단독 소유권을 가진 창립자라면 최고의 아이디어가 성공한다고 선언하는 게 어렵지 않다. 그 아이디어가 창립자 본인의 아이디어가 아니어도 상관없다. 가장 좋은 아이디어를 선택하기 때문에 결국 창립자 본인도 이득을 얻게 된다. 창립자는 그저 자신의 자아를 잘 통제하면 된다. 하지만 일자리를 계속 유지할 수 있을지 불투명하거나 기타 여러 가지 문제로 일자리 위협을 느끼는 팀원이라면 '자기가 옳다'라는 인상을 심어주어야 할 또 다른 이유가 있다. 따라서 이 사람은 한순간이라도 '자기가 틀렸다'라는 인상을 주지 않기 위해 최선을 다할 것이다.

세상에 큰 변화를 일으키고 싶다면 그런 도전이 여러 단계로 구성된다는 점을 이해해야 한다. 첫째, 판단과 자신의 관계를 잘 고려한 다음 자신이 하는 모든 일에서 객관성을 높이고자 노력해야 한다. 자신이 잘하고 있는지 확인하는 간단한 방법이 있다. 바로 내가

66

왜 어떤 일에서 특정 방식을 고집하는지 계속 자문하는 것이다. '이게 정말 이 작업을 가장 잘 해낼 수 있는 방식일까?', '내 방식이 남들 보기에도 월등히 낫다는 것을 인정받을 수 있는가?', '그냥 내가 편하고 좋아하는 방식을 고집하는 것인가?'처럼 스스로에게 질문을 해 보자. 당신의 목표가 '내가 옳다'는 점을 증명하는 게 아니라 효율성을 확보하는 데 있다면 큰 어려움 없이 개선할 기회를 많이 발견하게 될 것이다.

둘째, 다른 사람과 손잡고 회사를 창립하거나 프로젝트를 진행할 경우 그들에게 판단을 내리지 않아도 되는 환경을 만들어주기 위해 노력해야 한다. 무슨 말이냐면 본인이 만들려는 기업 문화 내에서 객관성이 무엇인지 쉽고 구체적으로 알려주고, 행동이나 예시로 이를 보여주어야 한다는 뜻이다. 동업자는 당신이 객관성이라는 개념을 적용하는 걸 보면 매우 좋아할 것이다. 객관성이야말로 진정한 의미의 성과주의를 낳기 때문이다. 당신이 무엇을 하든 그 목표에 가장 알맞게 도움을 주는 사람이나 아이디어는 적절한 보상을 받을 테다. 이에 반해 성과가 저조한 사람은 고용 조건이나 계약 만료 조건이 주관적인 신념이나 차별적인 관행과는 아무런 관련이 없음을 분명히 알게 될 것이다.

마지막으로 실질적인 객관성과 도덕적·윤리적으로 큰 그림을 보려는 태도 사이에서 적절한 균형을 잡아야 한다. 건강이나 안전 문제를 조금도 타협하지 않으면서 허브차 회사의 성과를 지극히 객관적인 태도로 대하는 건 분명 가능한 일이다. 이런 가치관을 명확히 밝혀두면 관련 부서, 투자자, 고객은 그런 가치관에 동의할지 말지 선택할 수 있다. 당신이 수익보다 환경의 지속 가능성을 더 중요하게 생각한다면 모든 이해 관계자에게 그 점을 명확히 통지해야 한다. 그러면 그들은 당신과 계약이나 거래 등의 관계를 맺기 전에 그 점을 먼저 생각할 것이다. 만약 공정 무역에서 취급하는 찻잎만 구매하는 기업이라면 사과 향을 첨가한 신제품을 출시할 가능성이 있음을 판단할 수 있다. 기업 창립자는 개인적으로 사과 향을 싫어해도 기업의 성공에 유의미한 시도라는 점을 이해하고 이를 추진할지 모른다.

내 의견이 옳다고 굳게 믿으면서 남을 판단하려는 충동은 우리 모두에게 깊이 뿌리박혀 있다. 이런 충동에 휘둘리지 않으려고 애쓰거나 아예 충동이 없는 척하는 것보다 직원이나 동료와 함께 훨씬 더 높은 수준의 객관성에 도달하기 위해 이 주제로 터놓고 이야기해 보는 편이 낫다.

이왕이면 커피 한잔을 마시며 그렇게 해 보기 바란다.

7장

목적의식

목적지를 향하는 도중
만들어지는 내면의 집중력

누구나 한 번쯤 어딘가에 운전해서 도착한 후 자신이 지나온 정확한 경로를 다 기억하지 못한 경험이 있을 것이다. 사실 이런 일은 너무 흔해서 별로 주목할 만한 일도 아니다. 늘 다니던 길에 익숙해지면 근육의 기억과 반사에 의존해서 운전을 하고, 정신은 잠시 다른 생각을 할 수도 있다. 이를 '부주의 맹시inattentional blindness'라고 하는데, 두뇌가 한정된 자원을 최대한 아껴 쓴 결과다. 자율 주행 장치를 사용하면 운전사가 다른 일을 할 여유가 생기는 것과 같다.

반면 낯선 목적지에 갈 때는 온전히 집중해야 한다. 내비게이션을 켜고, 두 손으로 운전대를 잡아야 하고, 고속도로가 합쳐지는 복잡한 길에서는 동승자에게 조용히 좀 해 보라고 구박을 하기도 한다. 처음 가는 장소를 찾아가려면 두뇌에서 여러 가지 작업을 동시에 진행하기가 어려우므로, 겉으로 보기에는 더 많이 집중하고 생각하는 것처럼 여겨진다.

그렇지만 매일같이 오가는 출퇴근길은 친숙해서 운전 중에도 몇 가지 다른 작업을 동시에 할 수 있다. 많은 사람이 운전 중에 라디오, 팟캐스트 등을 틀어놓는다. 그런가 하면 고민거리를 생각하면서 속을 끓이거나 예전에 내린 결정을 번복해야 할지 고민하거나 그날 하루 일어날 수 있는 여러 가지 가능성을 정신없이 따지기도 한다. 이런 행동이 그 자체로 나쁜 것은 아니지만 별로 생산적이고 바람직한 일도 아니다. 아마 지금 이 책을 읽는 당신도 출퇴근할 때 여러 가지 정보를 처리하느라 출퇴근 시간이 필요 이상으로 더 많이 걸린다는 점을 인정할 수밖에 없을 것이다.

이렇게 다른 데 정신이 팔리거나 불안과 걱정에 시달리는 기분이 온종일 또는 일주일 내내 이어질 수 있다. 어떤 직장이나 업종에 종사하는 내내 지속되기도 한다. 하지만 예전에 한 번도 가보지 않은 길을 가려면 이런 상태에 에너지를 마냥 소모할 수 없다. 집중하는 모습이 겉으로도 온전히 드러나야 하고, 주변을 의식하면서 정해진 목표에 얼마나 가까워졌는지 계속 확인해야 한다.

주의 집중이 흐트러지는 상황이나 자기 집착이 강한 상태나 둘 다 개인과 집단에 도움이 되지 않는다. 이렇게 집중이 흐트러진 상황과 자신에게 집착하는 상태를 딱 잘라 구분하는 것 때문에 괴로

워하는 사람이 많다. 이 문제에 대처하는 가장 좋은 방법은 수동적으로 정보를 받아들이거나 가만히 앉아 살아 있는 과정에 대해 고민하면서 그 문제로부터 주의를 다른 데로 돌리는 방법이다. 이 상태에서 벗어나 생산적이고 유의미한 상태로 전환하려면 목적의식이 꼭 필요하다. 목적의식을 가지면 경력을 재정비하거나 팀을 단합시켜서 좋은 결과를 낼 수 있다.

기존의 동기 부여 전달 방법은 목표 지향적이며 일종의 거래 형식을 띠고 있다. 특정 결과를 명확히 정의한 다음 목적의식을 가지고 매진하면 그 결과를 달성할 가능성이 크다고 가정하는 것이다. 물론 맞는 말이다. 하지만 여기서 논하는 목적의식을 만들거나 목적의식에 집중하는 정신으로 행동하는 것과는 다르다.

목적의식이라는 개념을 논할 때 우리가 강조하려는 것은 목적지를 향해 가는 행동에서 만들어지는 내면의 집중력이다. 어딘가를 향해 나아가는 자아는 그냥 어딘가에 가만히 머물러 있는 자아와 같다고 할 수 없다. 안타깝지만 기존 상태를 그대로 유지하려는 마음은 상당히 유혹적이다. 그 상태에서 에너지를 아끼다가 종종 주변의 자극에 정신이 나뉘기도 한다. 그리고 자신과 관련하여 심리적으로 가려웠던 부분을 긁어주는 것은 아주 큰 효과가 있다.

목적지로 나아가는 과정에서 새로운 자아가 등장하는데, 그 자아에 근접한 모습이 되기 위해 구체적이고 외적인 결과를 내려는 강한 의지가 바로 목적의식이라고 할 수 있다. 이때 반드시 기억할 점이 있다.

어떤 목적지에 도달하는 것만으로는 결코 충분하지 않다는 점이다. 돈이나 명성을 충분히 얻거나 널리 인정받아도 자신의 본모습을 바꾸기는 어렵다. 스타트업을 성공적으로 운영하여 막대한 수익을 올리고 빠져나온 후에도 또다시 스타트업을 설립하고 싶은 마음이 들 수 있다. 아주 멋진 발명품으로 특허를 받아도 또 다른 발명을 해 보고 싶을 것이다. 이처럼 목적의식은 시간이 지나도 그대로 유지되는 목표 지향적 에너지라서, 하나의 목표를 달성하더라도 마침표를 찍거나 노력을 쏟는 행동을 중단할 수 없다.

따라서 이 책에서 말하는 목적의식은 목표goal와 전혀 다른 개념으로 사용된다. 목적의식은 사고방식을 가리키는 말이고, 목표는 그 과정에 사용되는 일종의 이정표 또는 표지판이다.

어떤 사람은 타고난 성향 자체가 목표 지향적이라서 아주 어릴 때부터 목표를 이룩하는 과정을 즐기는 것 같다. 하지만 대다수의 사람은 그렇지 않다. 어떤 사람은 비극적인 일이나 수많은 실패를 겪은 후에야 목적의식을 발견하는데, 이런 일을 두 번 다시 겪지 않으려고 얼마나 발버둥을 치는지 모른다. 또 어떤 사람은 오로지 성과 중심의 문화에 맞추려고 목표를 가지고 있는 듯이 행동한다. 하지만 이런 사람들은 인간관계나 실패에 대한 두려움에 좌우되는 사람들이다. 자신이 좋아하는 사람에게 가까이 다가가고 부정적인 결과를 피하려는 마음에서 목표를 세우는 것이다.

인간관계를 중시하거나 부정적인 결과를 피하려는 행동이 나쁘다는 말은 아니다. 시작점은 모두 다르겠지만 우리 대부분은 목적의식에 초점을 맞춘 태도를 보이려면 뇌를 조금 바꿔야 한다. 다음과 같은 3가지 습관이 뇌를 바꾸는 데 도움이 된다.

1) 목표를 향해 목적의식을 가지고 행동할 때 자신이 누구며 어떤 상태인지 잘 생각해 보라

진행 상황을 추적하는 것과는 조금 다르다. 구체적으로 어떤 목적지에 다가가는 동안 어떤 기분을 느꼈으며 주변에서 어떤 것을 발견했는지 생각해 보라는 뜻이다.

예를 들어, 피아노 반주에 맞춰 노래 부르기를 배운다고 가정해 보자. 처음 시작할 때 어떤 기분이 들었는가? 노래 연습에 시간을 내려고 어떤 활동을 포기하거나 잠시 미루어두었는가? 노래 연습에 시간을 쏟고 나면 어떤 기분이 드는가? 주도적으로 행동한 것과 불안·산만함이 반복되는 과정에 허비했을지도 모를 시간을 잘 사용했다는 생각에 뿌듯할 것이다. 또한 이를 계기로 피아노와 관련 없는 다른 일도 해 보려는 동기가 생길지 모른다. 이 점이 가장 중요하다. 속으로만 생각하지 말고 다른 사람에게도 자신이 느낀 바를 공유하면 좋다. 관찰과 확증은 뇌를 바꾸는 데 가장 중요한 요소이므로, 다른 사람에게 알리는 과정을 거치면 이런 변화가 더 생생하게 느껴질 것이다.

2) 가치 판단을 내리거나 비판하지 말고 생활이나 직장의 여러 가지 영역에서 목표가 정해지지 않은 것을 찾아서 목록으로 정리한다

목록을 정리하다가 스스로에게 너무 비판적이라는 느낌이 들면 잠시 멈추었다가 자신과 남에게 참을성을 보일 준비가 되었을 때 다시 해 보기를 바란다. 자율 주행 장치를 사용하거나 주도적으로 나서지 않아도 되는 상황을 찾아서 간단히 그 상황을 기록해 보기 바란다. 한 번에 모든 방향으로 힘차게 돌진하는 건 불가능하지만 이를 통해 계획된 무활동과 관성의 차이를 구분할 수 있다.

예를 들어, 스페인어를 유창하게 구사하면 직장에서 승진할 기회를 얻어서 유리한 상황이라고 가정해 보자. 올해에는 다른 중요한 일에 집중하고 내년에는 스페인어 공부에 집중하는 것을 새로운 목표로 설정할 수 있다. 이런 설정이 바로 목표 지향적인 태도다. 반면 스페인어를 배워야 한다는 사실은 인지하고 있으나 왜 아직도 공부를 시작하지 않는지 이유를 모르는 상태라면 상황은 전혀 다르다. 후자의 경우는 바로 지금 작성하는 목록에 포함해야 한다.

3) 자신이 하려는 일이 무엇인지 명확하고 구체적으로 표현하도록 노력하고 다른 직원에게도 그렇게 하도록 지시한다

자기 삶에 목표 지향적인 행동을 도입할 때 주변 사람들 때문에 집중력이 흐트러지면 힘이 든다. 팀이나 부서, 조직 전체는 책임을 회피하게 만들고 판단력을 흐트러뜨리기 쉽다. 이 문제를 해결하려면 명확하게 상황을 판단하는 데 도움이 되는 몇 가지 간단한 질문을 사용해서 주제를 의사 결정 대상으로 바꾸어야 한다. 자신이 하는 일을 마무리했을 때 다른 사람이 이를 인지할 수 있느냐를 기준으로 그 일을 정의한다. 이렇게 하면 아주 사소한 목표는 물론이고 큰 목표를 달성하는 데에도 도움이 된다. 일상적인 업무의 우선 순위에도 이런 표현을 사용하면 큰 목표도 달성할 수 있다고 느껴질 것이다.

목적의식은 리더십, 권력, 공동 창작을 비롯하여 이 책에서 다루는 여러 가지 주제와 밀접하게 관련되어 있다. 이런 개념에 한 걸음 다가가면 개인이나 부서도 더 빨리 목표에 도달할 수 있고 그 과정에서 나타나는 많은 장애물을 뛰어넘을 수 있다. 여기서 또 한 번 강조하려는 핵심 포인트가 있다. 목표로 나아가는 과정에서 당신이 어떤 모습을 지향하는가는 목적의식과 매우 관련이 크다는 점이다. 당신이 지향하는 그 모습에 가까워질 때 좋은 결과를 내게 되고, 하는 일에 대한 만족감도 훨씬 커질 것이다.

8장

집중

생산성을 극대화시키는
습관 또는 상태

어떤 사람에게 무슨 일로 생계를 유지하냐고 물으면 아마 펀드 매니저, 변호사, 회계사처럼 자기가 주로 하는 일을 말해줄 것이다. 그런데 그들에게 평소 일과를 자세히 말해 보라고 한 다음 펀드 관리, 소송, 계산 등의 작업에 실제로 어느 정도의 시간을 사용하는지 물어 보라. 많은 경우, '일'은 시간이 갈수록 업무 연락, 편의 작업, 일반 관리, 단순 출석 등으로 더욱 복잡해진다. 그래서 사람들은 그저 '일을 다 하기' 위해서 사무실에 빨리 간다고 말한다.

대다수의 회사가 어수선한 과다 업무로 인해 점점 효율성을 잃어가고 있다. 대기업의 경우 특히 심각한데, 대기업 직원은 중요한 인물처럼 보이거나 필요한 존재라는 느낌을 주기 위해 바쁜 척하는 경우가 많다. 이제 이런 현상이 중소기업이나 스타트업으로도 확산되고 있다. 원인은 '업무를 보는 척'하려는 욕구에 있다. '성공적인 회사'라는, 보기에도 좋고 느낌도 좋다는 거만한 마음을 업무를 보는 척하는 행동으로 드러내는 것이다.

어떤 면에서 보면 업무를 보는 척하는 행동이 미치는 해가 없을지 모른다. 3년간 창고에서 고생한 끝에 사무실을 열어서 신나게 실내 인테리어 작업을 하는 건 이해할 만하다. 하지만 지나치게 사무실 꾸미기에 몰입하는 건 회사의 무능함을 숨기는 행동에 지나지 않다. 이 회사가 방향성을 상실했다는 간접 증거가 되기 때문이다. 또한 과도한 흥분이나 자만심에 사로잡히면 회사 전체가 환상에 빠져서 현실을 직시하지 못할 수도 있다.

바쁘다는 핑계를 걷어내고 성과 중심의 문화를 만들려면 집중도를 높여야 한다. **집중은 시간과 에너지를 세심하게 관리하여 생산성을 극대화시키는 습관 또는 상태를 말한다.** 집중에 대해 진지하게 생각하려면 자신과 자신의 부서가 어떻게 일하는지 잘 알고, 생산성을 높이기 위해 다소 파격적인 결정을 내리려는 의지가 있는지 판단하는 능력이 필요하다. 말 그대로 파격적인 결정이 필요할 수 있다.

집단이나 기업의 집중력을 크게 높이는 데 가장 큰 방해 요소중 하나를 꼽아보겠다. 바로 집중력을 높이면 개개인이 업무 문화의 주류에서 벗어나 남들에게 다소 이상해 보일 거라는 두려움이다. 시간을 낭비하는 게 정상적인 일이며 유치원에 다닐 때부터 알던 모든 사람이 그렇게 여긴다면 시간 활용을 최적화하려는 시도가 아주 낯설고 이상하게 보일 수 있다.

그러나 집중력을 높이려는 의지가 강한 사람이라면 노력의 강도가 생산성에서 매우 중요하다는 점부터 인정해야 한다. 다시 말해서 어떤 일을 해낼 모든 준비가 되어 있고, 그 일을 할 기회가 있으며, 다른 일은 제쳐놓고 아무런 방해 없이 그 일에만 매달릴 수 있을 때 그 일에 기울이는 노력의 강도는 기하급수적으로 커진다. 주의가 산만해진 상태에서 강도 높은 노력을 기울이지 않았을 때와 비교하면 훨씬 더 빨리 완벽한 결과물을 산출하게 된다. 이 원칙은 현대의 거의 모든 주요 기술이나 문화적 발전과는 대립하는 원칙이다.

전문가라면 다들 실시간으로 연락을 주고받는 여러 가지 장치에 둘러싸여 있다. 사무 공간은 자유와 가시성을 최대한 높이는 방향으로 설계되어 있으며, 한 번에 여러 가지 일을 처리하는 것이 현실적이며 실제로 가능하다고 생각하는 사람들에게 필요한 답을 제공한다. 그래서 많은 전문가는 계속 누군가의 연락을 받느라고 온전히 집중하지 못하며, 그로 인해 집중 강도가 낮은 상태로 일하는 게 습관으로 자리 잡는다. 설상가상으로 그들의 뇌가 그런 상태에 익숙해지면 주의 집중이 낮은 상태를 갈망하게 되어 강박적으로 그런 상태로 더 머무르려고 한다.

수많은 연구 결과를 보면 사람은 한 번에 하나의 일밖에 처리하지 못한다. 한 번에 여러 가지 일을 하고 있다는 느낌은 착각일 뿐이다. 그저 여러 가지 일을 늘어놓고 빠른 속도로 전환하는 능력을 사용하는 것이다. 실제로는 몇 가지 일을 느린 속도로 처리하게 되고, 이는 전반적으로 결과물의 질적 수준을 떨어뜨린다. 사람의 뇌가 원래 한꺼번에 여러 일을 처리하는 방식과 맞지 않기 때문이다.

　《딥 워크: 강렬한 몰입, 최고의 성과》의 저자 칼 뉴포트는 일의 강도라는 요소를 넣어 다음과 같은 공식을 만들었다. 사용 시간에 집중 강도를 곱하면 질 높은 업무 결과나 생산량이 산출된다는 것이다. 풀어서 설명하자면 일하는 동안 집중 강도를 최대한 높이면 작업 시간당 결과도 최대치로 높아진다는 의미다.

　그렇다면 업무 성과가 뛰어난 사람들은 어떻게 집중 강도를 최대치로 높이는 걸까? 우선 전화기를 끄고 이메일은 자동 응답모드로 돌린다. 한 번에 몇 시간, 심지어 며칠씩 직장 동료들과도 물리적으로 거리를 둔다. 쉽게 말해서 현대 사무실과 정반대의 환경을 스스로 조성하는 것이다. 하지만 이 정도로 생산성 강화에 집중하는 것도 개별 업무를 처리하는 상황에서나 가능하다. 많은 사람이 업무 특성상 다른 직원과 연락·협업·상호 작용을 하거나 얼굴을 마주하고 대화하면서 함께 일을 처리해야 한다. 그런 경우에는 어떻게 해야 할까? 팀 작업이 필요한 경우에 협업을 완전히 포기하지 않으면서도 팀의 집중력을 높이려면 다음과 같은 3가지 요소에 유의해야 한다.

1) 업무의 우선순위를 정한다

모든 일을 제쳐놓고 바로 다음에 해야 할 일이 무엇인지 분명하게 확인한다. 어떤 사람은 이런 일이 다소 낯설게 느껴질 것이다. 우선 부서나 팀의 직원 한 사람 한 사람을 대상으로 설문 조사를 해 보면 우선순위를 정하는 방식을 확인할 수 있다. 사실 모든 사람이 업무의 우선순위를 정하는 나름의 규칙을 세운다. 그것을 자기 말로 설명하느냐 못 하느냐의 차이가 있을 뿐이다. 그 규칙을 살펴보면 그들의 행동을 이해하는 데 큰 도움이 된다.

명확한 우선순위를 정해놓지 않으면 '움직이고 있다는 것을 보여주려고' 여러 가지 일에 주의를 분산하는 현상이 나타난다. 우선순위에 관한 설문 조사에서 또 하나 알게 된 점이 있다. 바로 그저 시간을 내는 것을 가장 중요한 일로 생각하는 사람이 많다는 점이었다. 많은 직장에서 강박적으로 이메일을 확인하고, 모든 전화를 놓치지 않고 받으며, 계획에 없던 회의에 참석하느라 하던 일을 중단하는 행동을 바람직한 미덕으로 여긴다. 하지만 언제든 시간을 낼 수 있는 직원이 되어야 한다는 생각을 버려야 한다. 그보다는 직원들이 각자 오랜 시간 온전히 집중할 수 있게 도와주어야 한다.

2) 비슷한 업무를 일괄 처리한다

사람은 한 번에 하나의 일에만 집중할 수 있다. 하지만 정해진 기간 내에 비슷한 일을 모아 놓으면 '주의 잔류attention residue 현상'을 최소화할 수 있다. 주의 잔류란 전혀 다른 여러 가지 일을 늘어놓고 번갈아가며 처리할 때 뇌가 매번 새로운 일에 온전히 집중하지 못하는 현상이다. 예를 들면 전화 업무나 회의를 하루에 몰아놓고 글쓰기 작업은 다른 날에 하도록 계획하는 것이다.

사실 많은 전문가가 이를 시도했지만 성공한 사람은 찾기 어렵다. 그래서 회사나 조직 차원에서 일괄 처리 방식을 도입하는 것이 중요하다. 그냥 직원 한 사람이 나서서 화요일을 '회의하는 날'로 정했다고 공지해 봐야 다른 직원들은 다른 평일에 마음대로 회의를 잡을 것이다. 그렇게 되면 회의하는 날을 공지한 게 아무런 소용이 없다.

회사 내에서 일괄 처리 방식을 도입했다가 다른 사람들에게 이상한 사람으로 보일까 봐 두려울지 모른다. 하지만 비슷한 업무를 일괄 처리하는 데 성공한 스타트업이나 중소기업도 많다. 그들은 직원 개개인이 생산성을 최대로 높여서 개별 업무를 처리하는 날에는 사무실이 아닌 다른 곳에서 일하는 것을 허용해주며, 업무 속도의 균형을 맞추기 위해 직원들에게 새로운 역할이나 업무를 배정하기도 한다. 그뿐 아니라 외부 활동에 집중해야 하는 기간에는 모든 직원의 이메일에 '오늘은 사무실에 없습니다'라는 자동 응답이 나가게 하여 사무실을 닫아버린다. 이렇게 해서라도 그 기간의 생산성과 집중도를 최대한 높이려는 것이다.

3) 주기적으로 개별 작업을 위한 시간을 낸다

어떤 일을 해낼 때의 만족감은 결과물이 아니라 일하는 과정에서 발생한다. 그 기쁨은 함께 일하는 팀에 대한 동료애 및 무언가를 함께한다는 경험과 밀접한 관련이 있다. 사무실이라는 공간은 작업자에게 주는 매력이 크다. 특히 많은 사람이 팬데믹 때문에 오랫동안 강제로 고립된 상태를 겪었기 때문에 사무실에서 함께 일하는 것을 반기는 사람이 있다.

그러나 좋은 성과를 내려는 의지가 강하고 집중 강도를 높여서 유익함을 얻으려면 모든 팀원이 매일 사무실에 출근해서 종일 붙어 있게 만들면 안 된다. 일단 그렇게 하는 데에는 비용이 너무 많이 든다. 그보다는 각자 원할 때 원격 근무를 허용해주고, 집중의 개념을 모든 사람에게 알려준 다음 함께 달성해야 할 명확한 목표를 설정하여 산만해지지 않고 일에 집중하도록 도와주어야 한다.

팀이나 부서와 떨어져서 고립된 상태로 일하는 가장 큰 이유는 바로 업무 강도를 최대한 높이려는 데 있다. 그렇게 하려면 무엇보다도 주의를 산만하게 하는 요소를 최대한 없애야 한다. 집에서 일할 때 이런 환경이 불가능하다면 방해를 받지 않고 자유롭게 일에 몰두할 수 있는 제3의 장소를 마련해주어야 한다.

이렇게 집중도를 높이면 생산성 측면에서 확실한 이점을 얻을 것이다. 놀라운 결과를 내는 데 더 많은 시간을 집중해서 투자하면 경쟁사에 집착하거나 다른 사람이 뭐라고 생각할지 걱정하거나 무의미한 불안과 산만함의 반복에 시달리느라 시간을 허비하지 않게 된다.

매일 같은 선택이 반복된다. 그저 바쁘게 시간을 보낼지 아니면 생산적으로 일할지 하나를 골라야 한다. 선택은 각자의 몫이다.

2부

팀의 성과를 높이는
8가지 개념

무언가 대단한 일을 해내려면 도움을 받아야 한다. 그런 일을 할 때 얻는 즐거움 대부분은 다른 사람과 함께 일하는 순간에 발생한다. 동료들을 보면서 영감을 얻게 되고, 그들을 만나려고 매일 일터로 향하며, 그들이 신뢰할 만한 사람이 되려고 노력한다. 하지만 무엇을 하든 인간관계가 가장 힘든 부분이라는 점도 부인할 수 없다. 상대방의 신뢰를 얻고, 그들의 행동을 이해하고, 그들과 맞춰서 일하는 방법을 배우고, 그들에게 어떤 점을 배워야 할 때 힘들다고 느낄 수 있다. 세상 모든 일이 그렇듯 사람을 대하는 것이 가장 좋은 부분이자 가장 힘든 부분이다.

두 사람이 마음을 모아 어떤 일에 집중하면 정말 놀라운 결과가 나타나기도 한다. 고작 2명이지만 하나의 핵처럼 똘똘 뭉치면 그 단단한 결합에서 나오는 힘으로 놀라운 결과를 만들 수 있다.

지금부터 살펴볼 개념들은 대인 기술 도구이므로 함께 이해하고 활용해야 한다. 개념 하나하나를 심각하게 받아들이고 다른 사람과 함께 이를 진지하게 활용한다면 취약성을 보완하고 신뢰나 협업 등의 긍정적인 가능성들이 한층 더 발전할 것이다.

9장

공동 창작

**훨씬 큰 목표를 향해 협력하며
조화롭게 행동하라**

즉흥 코미디의 가장 큰 장애물이 하나 있는데 그것은 바로 함께 공연하는 동료 배우를 온전히 신뢰하는 것이다. 초보자에게는 즉흥 공연이 부담스러울 수 있다. 할 말이 갑자기 생각나지 않으면 어떻게 할까? 다음에 무엇을 해야 할지 모르겠다면 어떻게 해야 할까? 관객이 우리를 싫어하면 어떻게 하나? 하지만 경험이 많은 배우들은 함께 무대에 오르는 파트너를 신뢰할 때 이런 두려움을 이겨낼 수 있다는 점을 잘 알고 있다.

공연을 잘 살리고 동료 배우들이 성공하도록 도와줄 마음으로 무대에 오르면 대본에도 없고 계획에도 없던 멋진 대사로 사람들에게 큰 웃음을 줄 수 있다. 하지만 예측할 수 없는 이 공연 방식도 사실은 철통같은 원칙에 뿌리를 두고 있다. 즉흥 공연에 노련한 사람은 무대에 오르면 무엇을 해야 할지 정확히 알고 있다는 원칙이다. 그들은 잘 듣고, 잘 받아주고, 함께 공연하는 파트너의 생각을 전제로 이야기를 펼쳐 나간다. 장면이 펼쳐지는 대로 맞춰서 연기를 한다. 그리고 매번 그 과정을 반복한다.

인생의 모든 장면은 무대와 같다. 한 편의 코미디 공연이 되느냐 마느냐는 주인공에게 달려 있다. 인생이라는 무대에서는 계획이나 준비가 없어도 그리 티가 나지 않는다. 반면 기업가의 행동에 계획이나 준비가 없으면 그 점이 명확히 드러나버린다. 기업가는 한 번도 해 본 적이 없는 일을 처리해야 하며, 그가 이룬 결과의 성패는 모두에게 알려지고 기록으로 남겨진다.

창업하는 사람은 파트너의 손을 맞잡고 무대에 오르는 것이나 다름없다. 최근 MIT에서 발표한 설문 조사[*]를 보면 창립자가 둘 이상인 스타트업이 전체의 70% 이상을 차지했다. 그런데 혼자 단독으로 스타트업을 설립한 경우를 보면 기업이 해체되거나 운영이 중단될 확률이 54% 더 낮다고 한다. 물론 당신에게 단독으로 사업을 시작하라고 권하려는 것이 아니다. 이 설문 조사 결과만 놓고 단독 창업이 모든 면에서 월등하다고 단정 지을 이유는 없다. 스타트업에는 훨씬 많은 요소가 관련되어 있기 때문이다. 하지만 분명

* https://mitsloan.mit.edu/ideas-made-to-matter/2-founders-are-not-always-better-1

한 점이 하나 있다. 공동 창립자는 언젠가 반드시 서로에게 등을 돌린다는 점이다. 확실히 기업가 중에는 서로 협력하며 일하는 요령을 잘 아는 사람이 적다.

다시 즉흥 공연 무대로 돌아가 보자. 모든 배우가 관객을 웃기고 싶어 하는 강한 욕구를 갖고 있다. 사람들의 웃음을 끌어내어 주목 받을 때 그들은 엄청난 희열을 느낀다. 그 느낌 때문에 배우가 되기로 마음먹었을 것이다. 즉흥 공연을 하는 배우들은 외면당하거나 관심의 대상에서 밀려날까 봐, 다른 사람이 자기보다 더 웃기면 걱정을 한다.

이런 초조한 마음을 잘 다스리지 않으면 경쟁 심리가 생기고, 결국 배우들은 서로의 대사를 가로채거나 공연 중이라는 전제를 무시하거나 목소리를 더 크게 낼 것이다. 하지만 이런 식으로 목소리를 키우는 행동은 어떤 목적도 달성하지 못하는 소음에 불과하다.

리더십을 잘 이해하고 의욕에 넘치는 전문가로서 말하는데, 이 세상에 변화를 일으킬 마음을 먹은 전문가에게 이는 중요한 사안이다. 스타트업 창립자는 사회성이 뛰어나기 때문에 비슷한 생각을 하는 협조적인 사람들과 친하게 지내며 팀을 이루어 회사를 설립한다.

이렇게 하는 것이 아주 지혜로운 행동이라고 말할 수 있는 이유는 매우 많다. 가장 큰 이유는 제품이나 서비스에 생명력을 불어넣으려면 하나보다 둘 이상의 사람이 일하는 편이 훨씬 유리하기 때문이다. 하지만 시간이 흐르면 안타깝게도 많은 스타트업에서 공동 창립자 사이에 복잡한 문제와 갈등이 생기고, 회사 전체가 어려움을 겪는다. 그래서 공동 창작이라는 개념을 여기에서 소개하는 것이다.

공동 창작은 리더십이나 권한 부여 등 다른 개념과 분명한 차이가 있다. 2명 이상이 함께 어떤 일을 해내려면 꼭 필요한 태도를 구체적으로 다루기 때문이다. 둘 중 하나가 리더 역할을 하거나 상대방에게 동기를 부여하는 것도 아니고 반대로 상대방이 이끄는 대로 따라가기만 하는 것도 아니다. 두 사람은 훨씬 큰 목표를 향해 협력하여 조화롭게 행동한다. 그리고 이미 존재하는 것을 관리·유지하는 게 아니라 새로운 무언가을 이 세상에 가져오겠다고, 즉 새로운 것을 창조하겠다고 선언한다는 면에서 협업과는 다른 개념이다.

— **알림**: 이 책을 읽다가 '나는 회사를 차릴 생각이 없어'라며 흥미가 떨어지기 시작했다면 이 내용이 인생의 여러 가지 부분에서 어떤 의미가 있는지 한번 생각해 보라.

공동 창작을 설명하기 위해 기업가의 입장에서 접근했지만 이 개념은 기업 운영에만 국한되지 않는다. 밴드가 해체되거나 결혼 생활이 파경을 맞거나 프로젝트를 진행 중인 부서가 부진한 성과를 내는 것과 같은 문제는 우리 주변에서 흔히 발생한다. 여기서 멈추지 말고 끝까지 읽어 보면 당신의 생활 중 어떤 부분에 분명 쓸모가 있다는 점을 깨달을 것이다.

함께 노력해서 새로운 것을 만든다는 의미에서 보자면 먼저 자기 자신에 대해 무엇을 고려해야 할지 생각해야만 한다. 그래야 공동 창작이 가능하다. 무대에 올라서 이 개념을 관객에게 보여주기전에 방향을 정확히 잡아야 한다는 뜻이다. 그렇게 해야만 다른 사람이 공동 창작을 정확히 알고 습득할 수 있다.

이번 장을 읽는 내내 "와, 내 동업자가 바로 이런 잘못을 하고있잖아." 하는 생각이 든다면 바로 지금 당신이 할 일이 많다는 뜻이다.

공동 창작을 실행할 능력에 다가서는 첫 번째 단계는 원하는 것이 무엇인지 어느 정도 명확하게 만드는 것이다. 연기 수업에 등록한 사람은 스탠드업 코미디를 하는 전문 배우가 되겠다는 명확한목표가 있다. 그들은 관객과의 관계를 완벽히 장악하고 자신의 독특한 관점으로 그들을 즐겁게 해주려는 내적 동기가 매우 강하다.

그런 동기가 나쁘다는 말이 아니다. 그런 마음이 있다고 해서 공연 파트너로서 형편없다는 뜻도 아니다. 하지만 자신에게 그런 욕구가 내재해 있다는 점을 인정하고 그로 인한 행동에 책임을 져야한다. 공연에서 배우가 농담을 해 보려고 기회를 엿보는 것은 즉흥적인 실수이며, 실수를 저지르면 공연을 망친다.

젊은 기업가들은 흔히 자신의 분야에서 정확히 무엇을 원하는지 잘 모른다. 물론 모르는 게 잘못은 아니다. 하지만 회사를 세우려면 이런 불확실성이 있을 때 모든 당사자에게 그 점을 명확히 알리고, 왜 불확실한 상황인지 이해시켜야 한다.

새로 세울 회사에 그들이 얼마나 전념할지 명확히 정하고, 나중에 회사를 무너뜨리지 않으면서 자신은 퇴장할 가능성도 있다는 사실을 인지해야 한다. 특히 기업 경영에 처음 발을 들여놓는 사람이라면 이 점을 유념해야 한다. 무대에서든 사무실에서든 다른 사람과 함께 일하는 환경에서 가장 중요한 원칙은 관객 즉, 상대방에게 제공하는 서비스에 온전히 집중해야 한다는 원칙이다.

즉흥 공연을 하는 사람이라면 관객석에서 웃음이 터지게 만드는 데에만 집중해야 한다. 공연을 진행하는 본인이 즐겁게 웃을 수 있느냐는 별도의 문제다. 일단 공연이 즐겁고 웃기면 다른 문제는 자연스럽게 해결되기 때문이다. 마찬가지로 회사는 무엇보다도 고객의 니즈를 채워줘야 하며, 회사 전체의 아이디어와 에너지를 자본으로 전환한다는 기본 전제에 충실해야 한다.

두 번째 단계는 온전히 집중해서 잘 듣는 방법을 찾는 단계다. 즉흥 공연을 잘하는 노련한 배우는 파트너의 대사나 관객의 반응에 집중한다. 실시간으로 새로 배운 점이나 알게 된 점을 자신의 대사와 연기에 반영해야 하기 때문이다. 머릿속에 자기가 해야 할 대사나 연기만 생각하면 결코 파트너나 관객의 말을 들을 수 없다. 이렇게 귀를 기울이려면 먼저 상대를 신뢰하는 마음이 있어야 한다. 더 큰 목표를 위해 상대방이 나를 참여시킬 것이라는 신뢰가 없으면 그저 자신의 대사에만 신경 쓰거나 파트너의 연기와 무관한 말을 내뱉을지도 모른다.

잘 듣는 사람이 되려면 적극적으로 주의를 기울이되, 상대방이 어떻게 말하거나 행동할지 마음대로 예측하거나 자기가 이미 답을 다 안다고 자만하지 않아야 한다. 그보다는 기꺼이 배우려는 자세가 필요한데, 누구에게나 쉬운 일은 아니다. 하지만 자신이 잘 안다고 생각하는 사람이나 오랫동안 함께 일해온 사람과 대화하는 상황에서는 이런 실수를 범하기 쉽다.

우리도 지금까지 컨설팅이나 투자 과정에서 공동 창립자를 무수히 만났는데, 서로의 말을 아예 안 듣는 것 같은 사람들이 많았다. 서로를 전혀 신뢰하지 않는데다가 상대방이 무슨 생각을 하는지 이미 다 안다고 생각하지만 실제로는 그런 생각이나 예상이 완전히 빗나갈 때가 많다. 하지만 그들은 이런 모순적인 상황을 눈치채지 못한다. 상대방을 계속 그런 식으로 대하고 상대방의 말을 잘 들어주지 않으면 결국 회의도 함께 진행하지 못할 정도로 사이가 멀어지게 된다.

마지막으로 공동 창작을 준비하는 세 번째 단계는 인간관계를 위해 시간과 노력을 아껴두는 것이다. 기업을 공동 창립하는 사람들은 거의 다 자기 시간의 99%를 사업에 투자하고, 공동 창립자와의 관계를 관리하는 데 고작 1%의 시간을 할애한다.

이해할 만한 일이다. 시간은 귀하고 공동 창립자와의 상호 작용에서 얻는 유익함은 배송 조건을 확인하거나 대금 청구서를 발행하는 일에 비하면 수치화하기 어렵기 때문이다. 하지만 안타깝게도 공동 창립자 관계가 무너졌는데도 이를 회복하는 데 노력을 기울이지 않으면 결국 회사는 망한다.

바람직한 관계를 유지하려고 시간과 노력을 투자하는 사람들을 지켜보면 공통점이 드러난다. 일단 회사와는 별개로 상대방을 완전한 개인으로 이해하려고 노력한다는 점이다. 명확하고 일관된 표현을 사용하려고 노력한다. 이는 의견 차이를 조율하는 데 도움이 된다. 긴장이 유발되는 지점을 거듭 언급하는 것인데, 문제를 해결하려면 50시간 이상 대화할 필요가 있다는 사실을 알기에 그렇게 행동하는 것이다.

끝으로 공동 창립자들이 끝까지 좋은 관계를 유지한 경우를 보면 다들 코치나 컨설턴트의 도움을 받아서 자기 자신을 보다 객관적으로 보는 방법을 배웠다고 한다. 공동 창립자 간의 대화를 조절하거나 촉진하는 데 외부 전문가의 도움을 얻는 일을 결코 주저해서는 안 된다.

회사나 사업체도 즉흥 공연처럼 사람이 하나부터 열까지 모든 것을 쌓아올려야 하며, 결말이 어떻게 될지 아무도 알지 못한다. 그러니 회사 운영에 성공하려면 주먹구구식으로 준비하거나 노력해서는 안 된다. 공동 창립자에게 바라는 것, 듣고 싶은 말, 배우고 싶은 점이 무엇인지 명확히 해두고 그들과 좋은 관계를 유지하기 위해 따로 시간을 투자해야 한다.

충분히 노력을 기울일 만한 가치가 있는 일이다. 지금도 밖에서
는 관객들이 당신의 공연을 기다리고 있기 때문이다.

10장

기쁨

우리는 기쁜 상태를 유지하려
노력해야 한다

우리 둘은 소소한 수다에 관심이 없다. 예의를 갖추어 대화하는 것
이 흔히 볼 수 있는 대화 방식이지만 우리는 대화를 생략하는 쪽을
선호한다. 어떤 사람을 더 빨리 파악하고, 실제로 논의할 가치가 있
는지를 파악하는 방법이 있다. 평소보다 조금 강한 느낌을 주는 단
어를 사용하는 것이다.

　예를 들어, 다음번에 누군가에게 무슨 일을 해서 생계를 꾸리는
지 물어볼 기회가 있다면 그 직업이 자기가 진심으로 좋아하는 일
인지도 물어보라. 아마 사람들은 '좋아하는 일'이라고 하거나 '그럭
저럭 괜찮다'라고 하겠지만 진심으로 좋아하는 일이라는 표현에
선뜻 동의하지 못할 것이다. 안타깝게도 자기가 진심으로 좋아하

는 일을 직업으로 가진 사람은 그리 많지 않은 듯하다.

오랫동안 이런 방식으로 수백 명에게 설문 조사를 실시한 결과, 진심으로 좋아하는 일을 하는 것과 보상은 거의 아무런 상관관계가 없다는 점을 확인할 수 있었다. 화려한 직함과도 반드시 일치하지 않았다. 힘든 의대나 로스쿨 과정을 잘 마치고 자격을 갖춘 전문가가 되어도 그 일을 꼭 진심으로 좋아하게 되는 것 같지 않다. 이런 직업을 가지면 돈, 안정적인 삶, 보장된 미래, 사람들의 존경, 그 밖의 긍정적인 특성이 뒤따라올지 모르지만 기쁨을 반드시 느끼게 된다고 말하긴 어렵다.

자신의 직업에서 모든 면을 진심으로 좋아하는 마음으로 대하는 사람은 찾아보기 힘들다. 그렇지만 어떤 사람은 직업이 주는 경험이나 일의 결과에서 큰 기쁨을 얻는다. 그냥 다른 사람보다 기쁨을 쉽게 느끼는 사람이 있을 뿐이라고 말하는 이론도 있다. 그런가 하면 직업이란 돈을 받을 때만 하는 일이라고 정의할 수 있기 때문에 진심으로 즐기면서 하는 일이 아니라고 말하는 이론도 있다.

우리는 업무 환경에서 의식적인 노력을 통해 기쁨을 찾아낼 수 있다고 생각한다. 그리고 일이나 직업 자체의 정의도 다르게 내려야 한다. '그저 해야 돼서 하는 일'이라고 성의 없이 매도해서는 안 된다. **기쁨에 넘친 태도는 각자의 선택이고 기쁨은 행동을 일으키는 원인이 될 수 있으며, 우리는 기쁜 상태를 계속 유지하기 위해 노력해야 한다.** 행복의 근원이 무엇이며 어떻게 행복에 접근할지 더 깊이 알아보려면 여러 전문가, 권위자, 임상 심리학자 등이 발행한 수백 권의 책을 읽으면 된다. 일단 여기에서는 행복이란 각자의 선택이라고 전제한 다음 어떤 조건이 갖춰지면 개인적으로 기쁨을 느끼거나 부서 전체가 기쁨을 느끼며 일할 기회를 늘릴 수 있는지 생각해 보자.

우선 자신이 누구며, 이 회사를 설립하거나 프로젝트를 시작하는 등 당면한 과제를 왜 풀어나가려는지 검토해야 한다. 구체적인 생각을 가지고 임하되, 속으로 그 일에 대해 자신과 대화하고 함께 일하는 동료와도 구체적인 대화를 나누어야 한다. 이렇게 대화하면 자신과 상대방의 궤적을 알게 된다. 여기서 말하는 궤적이란 일의 진행 과정에서 자신이 어디쯤 와 있는지를 말한다. 부서나 팀으로 일하는 환경이라면 개인의 역할이나 직위가 아니라 그 사람의 의도에 대한 인식과 확인이 가능해진다. 어떤 사람이 하는 일과 그 사람이 목표로 삼는 자기 모습 사이에 어떤 차이가 있는지 이해하고 인정해주는 일은 기쁨을 찾는 과정에서 중요한 요소다.

이 단계를 간과하는 회사에서는 직원들이 각자 맡은 일을 처리하는 이유를 잘못 이해할 우려가 크다. 관리자와 동료 직원들은 잘못된 전제를 기반으로 행동·상호 작용하게 되며, 결국 직원 한 사람 한 사람은 자기 자신에 대한 왜곡된 견해에서 비롯된 기대치에 부응하는 쪽으로 사회화된다. 이런 상태가 지속되면 얼마 지나지 않아서 '또 다른 자아'가 만들어지는데, 이는 직장이 아닌 다른 곳에서 보이는 자기 모습이나 타인에게 보여주고 싶어 하는 자아와 전혀 다른 양상을 보인다. 또 다른 자아가 나타나면 업무나 직장 환경에서 기쁨을 느끼는 것이 아예 불가능하다.

또 다른 자아가 생기는 것을 막기 위해, 사람들과 교류하기 위해 노력하고 있다면 서로 인정해주는 문화를 만들어야 한다. 긍정이 아니라 인정이라고 표현한 점에 유의하기 바란다. 누군가를 긍정 해준다고 해도 틀린 말은 아니다. 하지만 자동 긍정 기계처럼 모든 사람에게 회사에 출근한 걸 잘했다고 말해주고, 기본적인 규칙을 따라 행동했고 칭찬해주거나 생일이 되면 축하해주는 일을 말하는 게 아니다. 그런 식의 영혼 없는 긍정은 오히려 부정적인 습관과 비관적 사고를 강화한다.

인정하는 문화는 이 책에서 권장하는 문화 중 하나다. 전체의 성공에 이바지하는 특정 행동을 의식적으로 알아보고 인정해주는 문화라고 할 수 있다. 일례로 어떤 직원이 낸 아이디어를 다른 사람이 프레젠테이션에서 활용할 때 공을 아이디어 주인에게 돌리는 식의 행동을 가리킨다. 또는 고객에게 긍정적인 피드백을 들었을 때 팀이나 부서와 공유하면서 특정 직원의 행동 덕분에 고객들에게 폭발적인 후기를 얻어냈다는 설명을 덧붙이는 식이다. 또 휴가 중인 직원이 있을 때 부서 업무의 마감일을 맞추려고 다른 직원이 나서서 일을 더 많이 처리했다면 자발적으로 희생한 그 직원을 칭찬할 수도 있다. 이런 과정이 누적되면 긍정적인 피드백을 주고받는 선순환이 이어져서 결국 기업 문화로 자리 잡을 것이다. 각 개인으로 인정받으며, 그들을 이해하고 공헌도를 인정하려고 애쓰는 누군가가 있다는 환경을 조성하면 그런 곳에서는 기쁨이 금방 자라날 것이다.

마지막으로 당신과 함께 이룩한 성공에 팀이나 부서를 구체적으로 연결해야 한다. 한마디로 대가를 지급하라는 뜻이다. 대화와 마음챙김이 전부라고 해도 과언은 아니지만 긍정의 루프를 잘 마무리하여 지속시켜주는 자물쇠는 바로 보상이다. 하지만 수많은 리더와 창립자가 여기에서 문제를 겪는다. 그들은 부정적인 태도가 눈덩이처럼 커지는 것을 보면서 팀에 대한 분개심을 키운다. 창립자의 관점에서 보면 모든 위험을 무릅쓰고, 수없이 많은 날을 뜬눈으로 지새우며 고생하고, 처음부터 이 모든 일자리를 만들어낸 주인공은 바로 자기 자신이다. 다 맞는 말이다. 하지만 이런 관점을 고집하면 막다른 골목에 다다를 수밖에 없다. 많은 리더가 다음과 같은 보상에 대한 2가지 중요한 점을 놓치기 때문이다.

1) 월급의 목적은 직원들을 행복하게 해주는 데 있지 않다

이미 언급했듯이 월급을 많이 준다고 해서 기쁨이나 애사심, 헌신적인 태도가 강화되는 건 아니다. 월급을 주는 것은 일을 통해 맺은 유대감을 입증하고 상대방을 인정하는 구체적인 방법일 뿐이다. 적은 보상의 결과로 불행하다고 생각하는 것도, 새 차를 사지 못한다는 현실보다는 직장에서 자신의 노고나 가치를 인정받지 못했다는 부정적 기분과 관련이 있다. 돈은 그저 누군가의 자존감과 채워주고 그들이 당신을 신뢰하고 있음을 확인하는 수단에 지나지 않는다.

2) 사업을 시작할 때 당신은 그에 뒤따르는 위험, 잠 못 드는 밤, 온갖 바쁜 일을 스스로 선택한 것이다

회사를 유의미한 크기로 키울 생각이라면 자신이 고생한 것을 보상 계획에 넣지 말아야 한다. 그렇게 하면 결코 회사를 키울 수 없다. 보상이 부족하다는 점이 아이러니하게 보일 수 있다. 이는 창립자가 위험 부담, 불확실성, 압력을 최대로 받는 상태를 계속 유지한다는 뜻이다. 부서 이직률이 높아지고 기업 문화는 악화되며 입사 및 퇴사 면접에 허비하는 시간이 늘어난다. 누가 이 회사에 먼저 들어왔는지 따지는 게 과연 중요할까? 회사를 차리고 이만큼 키우는 일이 얼마나 힘들었는지 계속 논할 게 아니라 회사를 더 크고 성공적으로 만드는 데 집중하는 편이 낫다.

여기까지 읽었다면 당신은 아마 인생에 대해 어느 정도 야망과 목표를 품고 있을 것이다. 본인이 이루고 싶거나 이미 이룬 것보다 훨씬 더 큰 일을 해내려는 마음이 있을지도 모른다. 이 책에서 무언가 얻어내려는 생각도 있었겠지만 우리는 이 대화를 통해 감사하는 마음이 더 깊어졌기를 바란다. 목표에 다가가는 과정에 기쁨이 있다는 사실을 빨리 깨달을수록 더 행복해질 것이다. 그 사실을 이해하고 인정한다면 다른 사람도 당신의 기쁨을 공유하기 훨씬 쉬워지며, 기쁨의 전염성이 충만한 문화가 만들어져서 그들도 자신이 하는 일을 좋아한다고 솔직하게 말하려는 마음이 생길 것이다.

11장

이야기

의도나 생각을 다른 사람과
연결하는 도구

어떤 노래가 계속 머릿속에 맴돌 때 왜 이런 현상이 생기는지 생각해 보았는가? 어떤 소리나 노래가 계속 머릿속을 맴도는데 아무리 애를 써도 멈출 수 없는 현상을 '이어웜earworm'이라고 한다. 다들 한 번쯤 겪어보았을 것이다. 인기 순위 1~40위권 내의 히트송이나 어릴 때 본 애니메이션의 노래처럼 단순한 리듬의 노래가 자주 이어웜 현상을 일으킨다. 이어웜이 생긴 것을 느끼면 이미 늦은 감이 있다. 어쩌면 자기도 모르게 온종일 그 노래를 흥얼거려서 친구나 직장 동료의 구박을 받을지 모른다.

이어웜은 별것 아닌 현상처럼 보일지 모른다. 어떤 사람은 그냥 반복되는 과정에서 일어나는 현상일 뿐이라고 말한다. 어떤 소리를 너무 많이 들으면 정신에 깊이 박혀서 이어웜 현상이 생긴다는 것이다. 하지만 사회학자와 고고인류학자는 이어웜 현상이 수십만 년 전부터 인간이 의사소통하는 방식에서 생겨났을 가능성이 있다고 말한다. 문맹 사회에서는 부족의 안전과 번영을 위해 후손에게 정보를 전달하는 일이 매우 중요했다. 당시에는 말로 전달할 수밖에 없었고 정보를 받는 사람은 이 정보를 모조리 기억해야 했다. 어디에서 신선한 물을 얻을 수 있는지, 어느 버섯이 독성 때문에 위험한지, 부족의 역사와 관계 등에 관한 정보를 쉽게 기억하기 위해 라임이나 리듬을 사용했을 가능성이 매우 크다.

이런 정보는 그들에게 매우 중요했다. 어떤 경우에는 말 그대로 생사를 좌우했기 때문에 뇌는 이 정보를 잊어버리지 않기 위해 여러 번 반복해서 확실히 외우려 했을 것이다. 이론에 따르면 특정 노래와 문구는 정신의 근육을 다시 깨워서 뇌에 남아 있는 선사 시대의 자아를 불러낸다. 우리 뇌는 '아기 상어'의 노래를 중요한 정보로 착각해서 구역질이 날 정도로 이 노래를 반복하는 것이다.

그러니까 이어웜 현상은 사람이 구조화된 의사소통을 통해 정보를 보존하도록 만들어졌는데, 구조화된 의사소통은 흔히 이야기 형태로 나타난다는 게 요점이다. 노래는 말로 구성된 한 편의 이야기라고 할 수 있다. 이야기는 인류가 태초부터 세상을 이해한 방식이다. 하지만 불과 몇천 년이 지났을 뿐인데, 동업을 하거나 회사를 차리거나 상품을 만들 때는 이 점을 잊어버린다.

이야기는 당신의 의도나 생각을 다른 사람과 연결 짓는 가장 기본적인 도구다. 당신이 사업을 시작해서 이 세상에 변화를 불러오려고 한다면 그 사업 자체가 하나의 이야기인 것이다. 사업을 해나가는 경로가 바로 이야기다. 물론 제품이나 서비스에도 저마다의 이야기가 있는데, 이때 이야기가 고객의 감정과 의도에 잘 맞아야 할 것이다.

프레시북스FreshBooks는 어느 중소기업이 만든 회계용 플랫폼이다. 특정 기능을 수행하는 코드 뭉치가 서버상에 존재하는데, 여기에도 이야기가 있다. 프레시북스의 이야기는 2003년 1월에 시작한다. 당시 마이크는 4명의 직원으로 디자인 에이전시를 운영하고 있었다. 고객에게 송장을 발급하는 업무를 하려니 워드나 엑셀은 너무 답답하고 불편했으며 제대로 양식을 갖춘 송장을 만들 수 없었다.

그러던 어느 날 모든 중소기업 사장들이 경악할 만한 사건이 벌어졌다. 마이크가 실수로 오래된 송장에 덮어쓰기 형태로 저장을 해버린 것이다. 어차피 이보다는 더 나은 처리 방식이 있을 거라고 생각했기에 마이크는 이참에 새로운 송장 시스템을 만들기로 마음 먹었다. 그는 2주간 매달린 끝에 현재 프레시북스의 기초가 된 새로운 솔루션 코딩 작업을 끝냈다.

프레시북스의 이야기와 다음에 소개하는 오라클의 넷슈트NetSuite에 대한 설명을 비교해 보자.

넷슈트 슈트석세스 스타터 에디션은 급속도로 성장하는 중소기업이 비즈니스의 모든 측면을 하나의 시스템에서 관리하도록 도와주는 토털 솔루션입니다. 20년간 전 세계에 수만 건을 배포하여 얻은 경험을 토대로 가장 우수한 방식을 선별·정리한 제품이며 사전 구성 방식의 KPI, 업무 흐름도, 알림 서비스, 보고서 작성, 대시보드와 같이 일상적이고 전략적인 요구 사항에 빠르게 대처하도록 도와드립니다. 넷슈트 슈트석세스 스타터 에디션은 업무 첫날부터 회사의 모든 주요 업무에 바로 사용할 수 있습니다.

둘의 차이점을 발견했는가? 이야기는 관련성을 통해 움직이거나 동기를 부여하는 힘을 발휘한다. 프레시북스의 경우, 이야기의 주인공 마이크는 우리가 흔히 공감할 수 있는 문제에 부딪힌다. 마이크는 문제에 정면으로 맞서며 혁신을 통해 이를 극복한다. 이 이야기에는 인간미가 담겨 있다. 하지만 넷슈트의 제품 소개에는 어떤 활기나 두근거림도 느껴지지 않는다. 텅 빈 공간에서 흘러나오는 듯한 목소리로 들린다. 인간으로서 동질감을 느낄 만한 점이 없다.

이야기의 영향력을 이해해야만 조직을 구축하고 당신이 공유하는 모든 내용을 상대방이 이해하게 만들 수 있다. 이야기의 기본 요소는 다음과 같다.

1) 의도나 목적을 가진 사람들

이야기는 사람들에 관한 것이다. 모든 이야기가 다 그렇다. 누구에게나 다른 사람 그리고 사람과 사람 사이의 소통을 통해 자신과 타인을 이해하는 과정이 중요하다. 스토리텔링에서는 사람이 아닌 요소가 중요한 역할을 하지만 그래도 가장 중요한 것은 이야기의 중심에 있는 사람이며 우리는 그 사람을 통해 자기 자신을 보기도 한다.

또한 이야기의 주인공이 다른 사람과 관계를 맺으려고 어떤 노력을 기울이느냐도 관건이다. 영화 〈쇼생크 탈출〉의 포인트는 감옥이 아니라 우정이 얼마나 강한 힘을 가지고 있느냐다. 〈대부〉도 범죄에 관한 이야기가 아니라 가족이 주제인 이야기다. 〈로미오와 줄리엣〉도 정치가 아니라 사랑에 관한 영화다. 이런 이야기는 모두 특정 의도를 가진 사람에게서 시작된다. 프레시북스의 이야기에도 에이전시를 성공적으로 운영해 보려는 열망을 가진 마이크라는 사람이 있었다.

2) 장애물

인간은 자기 주변의 세상을 재정립하고 변화시키려는 욕구를 타고난다. 자신의 취향대로 주변을 꾸미거나 타인에게 더 가까이 다가가고 싶어서 그렇게 행동하는 것이다. 나무는 정해진 자리에서 평생을 보낸다. 그곳에서 성장하고 죽음까지 맞이하지만 이와 달리 모든 인간은 문자 그대로나 비유적으로나 주변 지형을 적극적으로 관찰·조사한다. 그러다 보면 산이나 강과 같은 물리적인 장애물을 만날 때도 있고, 고집불통인 공동 창립자나 해결하기 어려운 기술적 딜레마와 같은 비유적인 장애물에도 부딪힌다.

이야기의 기본은 이런 역경과 관련해 인간의 모습이 어떠한지 보여주는 데 있다. 이야기를 통해 교훈을 얻고 우리 자신을 이야기에 투영해 보면 자기 자신에 대해 새로운 점을 깨닫게 된다. 그래서 우리는 이야기를 좋아한다.

이야기의 본질은 도전이나 장애물을 통해 인간을 보여주는 것이다. 이런 이야기가 흥미로운 이유는 우리가 이야기에서 교훈을 얻고 그 과정에서 자기 자신에 대해 새로운 점을 발견할 수 있기 때문이다. 모든 일이 순조롭고 모든 사람이 평온하게 잘 지내는 줄거리라면 그런 영화는 군이 볼 필요가 없다. 영웅에게는 장애물이 필요하며, 어떤 상황이 닥쳐도 능동적으로 대처해야 한다. 의도적으로 장애물을 제시하고 자주 반복하며 때로는 상황이 악화되도록 유도한다. 그런 도전적인 상황이 이야기의 핵심을 이루어야 한다.

불쌍한 마이크를 다시 생각해 보자. 그는 예전 송장에 덮어쓰기 방식으로 저장하여 송장 파일을 잃어버렸다. 송장 발행 과정에 심각한 문제가 생긴 것이다. 자기가 의도한 대로 에이전시를 운영하여 수익을 내려면 고객에게 송장을 보내야만 했다. 이제 마이크는 어떻게 해야 할까?

3) 결말

우리는 마이크, 〈쇼생크 탈출〉과 〈대부〉의 주인공인 앤디 듀프레인과 마이클 코를레오네에게 무슨 일이 있었는지 궁금해한다. 주인공이 이겼는지 졌는지 알고 싶어서 안달이 나는 것이다. 앤디는 쇼생크를 빠져나왔을까? 마이클은 가족을 구하려고 영혼을 팔게 될까? 마이크는 송장을 다시 보낼 수 있을까? 좋은 이야기는 관객이나 독자에게 위기를 극복하는 방법을 보여주어, 그들도 해결책을 이해하고 자기 경험에 활용하게 해준다.

이야기는 반드시 해피엔딩으로 끝날 필요가 없다. 실패는 성공만큼이나 극적인 분위기를 형성하며 교훈을 남길 수 있다. 어느 쪽이든 이야기는 명확한 결말을 제시하며 끝나야 한다.

일반적으로 스타트업 창립자는 그들끼리 자기 성공담을 나누거나 자신의 이야기를 투자자, 얼리 어답터에게 아주 능숙하게 전달한다. 이런 이야기는 흔히 거래 과정을 통해서(투자에 대한 정당화) 또는 삼투압 현상처럼 사방에 퍼져 나간다. 종일 붙어서 일하기 때문에 직장에서 들은 이야기는 삽시간에 여러 사람에게 전달된다. 프로세스가 어느 정도로 세분되느냐는 회사 규모에 달려 있다. 신입 사원이 창립자와 가깝게 지낼 수 없는 회사도 있고, 처음에 이야기하게 만든 원동력이 최종 사용자와 고객에 맞추어 변질되기도 한다.

이렇게 이야기에 공백이 생기면 다시 말해, 회사가 그냥 존재하기만 하고 영웅이나 도전 과제·해결책에 관한 명확한 정의가 없는 상태에서는 생명력 없는 기업 언어가 자리 잡기 시작한다. 설상가상으로 이렇게 되면 원래의 이야기도 흐릿해져서 직원들과 동업자는 혼란에 빠지고 이해 관계자도 진실에 대한 온갖 왜곡된 이야기로 판단력이 흐려진다.

회사의 동업자나 직원이라면 모두 기업의 존재 이유를 명확하고 설득력 있는 한 편의 이야기로 설명할 수 있어야 한다. 그 이야기에는 구체적인 제품과 서비스에 관한 이야기, 부서와 사무실 등에 관한 이야기도 들어 있어야 한다. 모든 사람은 타고난 이야기꾼이며 자기 삶에서 유의미한 이야기를 찾거나 만들고자 노력하기 때문이다.

당신이 회사의 이야기를 적극적으로 공유하지 않으면 직원들은 자기 마음대로 이야기를 만들어낼 것이다. 그러므로 당신이 하는 모든 일에 대해 솔직하고 진정성 있으며 영감을 불러일으키는 이야기를 만들고, 이를 직원들에게 적극적으로 들려주려고 노력하기를 바란다.

당신이 이렇게 노력한다면 동료와 고객의 머리에 당신의 이야기가 확실하게 자리 잡을 것이다.

12장

디자인

몰입의 표현이자 실패라는 가능성에
당당히 맞서려는 의지

이 책도 누군가가 디자인한 것이다. 지금 신고 있는 신발, 오늘 운전했던 차, 이따 식사할 때 앉게 될 의자도 마찬가지다. 디자인의 성공 여부와 그 성공이 당신의 경험을 어떻게 개선해주느냐는 전적으로 본인에게 달려 있다. 그렇지만 물건을 만든 사람은 당신이 읽는 책, 당신이 신고 있는 신발, 당신이 운전하는 차, 당신이 앉아 있는 의자가 제공하는 경험에 대해 꽤 오랫동안 열심히 고민했을 것이며, 최종 결과물이 만들어지기까지 많은 선택을 했을 것이다.

주위를 둘러보면 모든 것이 디자인의 결과물이다. 디자인이라는 개념은 집중·의식적인 창작과 밀접하게 관련된다. 다른 건 몰라도 무언가를 만드는 행위는 다른 것을 만들지 않는다는 의미에서 최종 결정이기도 하다. 쉽게 말하자면 가구를 생각할 수도 있고, 테이블과 의자, 목수나 소목장이가 흔히 만드는 모든 물건을 생각할 수 있다. 아무튼 집에서 유용하게 쓸 만한 물건은 얼마든지 최종 결정을 거친 대상이다. 의자를 만든다면 테이블은 안 만들기로 정한 것이다. 수많은 가능성 중에서 하나에만 집중하기로 한 것이다. **디자인은 그 결정을 행동으로 옮긴 것이며, 디자인에 대한 접근 방식은 우리가 만드는 것의 성공에 중대한 영향을 미칠 수 있다.**

비즈니스와 기업가 정신이라는 커다란 틀 안에서 설계 즉, 디자인을 논하려면 스티브 잡스와 애플을 빼놓을 수 없다. 애플의 창립자인 잡스는 특히 디자인에 민감한 사람으로 잘 알려져 있기에 굳이 여기에서 그 점을 언급할 필요는 없을 것이다. 그런 이야기는 생략하고 잡스의 터틀넥 패션을 따라 하는 사람들에 대해 이야기해 보자.

잡스가 애플은 운영하던 전성기에 자신의 대표적인 제품 프레젠테이션을 진행하는 모습을 자료 화면으로 본 적이 있다면 검은색 터틀넥과 청바지를 입은 모습을 기억할 것이다. 당신이 본 자료 화면에서만 그렇게 입은 것이 아니라 그는 모든 상황에서 늘 같은 차림이었다. 그 모습은 잡스가 공개 석상에서 보여준 유일한 의상 콘셉트였다. 만약 그가 다른 옷을 입고 나타난 적이 있다면 뉴스 헤드라인을 장식했을 것이다. 잡스는 당시 유행하던 스타일을 그냥 따라 입은 것인지 모른다. 실제로 90년대에 목이 짧은 터틀넥이

유행이었고 잡스는 그냥 주류 문화를 따른 것에 불과할지 모른다.

잡스가 입었던 터틀넥은 목이 짧은 편이다. 사실 요즘은 거의 사람들이 찾지 않는 스타일이고, 입었을 때 그렇게 멋진 모습을 연출해주지도 않는다. 전문 스타일리스트라면 아마 그가 입은 터틀넥을 절대 추천하지 않았을 테고, 사실 잡스에게도 특별히 잘 어울리지도 않았다. 그런데도 잡스는 모든 자리에서 그 스타일을 고집했다. 그래서 사람들은 그가 정장에 넥타이를 매거나 짧은 바지에 티셔츠를 입은 모습을 거의 상상하지 못한다.

잡스가 비효율적으로 시간을 허비하는 일을 가장 싫어하며 피상적인 부분에 대해 인내심이 거의 없었다는 점은 이미 잘 알려져 있다. 정신과 마음을 단순하게 하고 속도와 효율성을 최대로 높이는 건 특별한 행동이다. 하지만 여기서 더 주목해야 할 사실은 잡스가 하나의 선택에 기꺼이 몰두했다는 점이다. 그는 목이 짧은 터틀넥만 고집했는데, 자신의 목표를 이룰 기회를 최적화하려고 그렇게 행동한 것이다. 아마 그 옷이 편안함과 기본 기능이라는 2가지 측면에서 가장 효율적이라고 생각했을지 모른다. 정확한 이유는 알 수 없지만 그는 여러 가능성 중에서 하나의 선택에 온전히 집중했다.

이 점과 당신이 선택한 옷, 같은 팀의 동료가 입는 옷, 직장에서 흔히 볼 수 있는 차림과 대조해 보자. 아마 많은 사람이 주류 문화에서 크게 벗어나지 않는 차림을 선호할 것이다. 그런 행동 자체가 나쁘다는 말이 아니다. 우리가 하는 일이나 부서와 회사를 조직하는 방식에서 디자인이 어떤 가치를 지니는지 생각해 보면 주류를 따르는 게 바람직할 수도 있다. 평범해 보이는 행동을 하거나 입는 것, 특정 목표를 위해 다른 무언가에 전념하는 것의 차이일 뿐이다.

앞서 설명했듯이 디자인은 몰입의 표현이자 실패라는 가능성에 당당히 맞서려는 의지로 여겨야 한다. 여기에서 말하는 디자인은 예술과 다른 개념으로, 목적 중심적이며 실사용과 관련이 깊다. 예술은 그 자체로 존재 가치가 있으며 예술의 범위를 벗어난 이유가 있다고 해서 실패라고 평가할 수는 없다. 예술은 다른 모든 것과 별도로 존재하며 기능성으로 가치를 매길 수 없다. 이에 반해 디자인은 인간의 협력과 행동 안에 자리 잡고 있으며 실패할 수 있다. 단순한 실패가 아니라 아주 심각한 수준의 실패 가능성까지 포함한다. 모든 제품이나 플랫폼에는 디자인이 필요한데, 내가 아닌 다른 누군가의 마음에 쏙 드는 디자인을 만드는 일은 정말 어렵고 힘든 작업이다.

안타깝게도 디자인을 제품이나 플랫폼이라는 개념과만 연관 지어 생각하는 사람이 많다. 아이팟을 보고 놀라면서도 목이 짧은 터틀넥이 주는 교훈은 간과한다. 잡스의 경우, 일에 대한 집념과 몰두는 그의 개인적 생활은 물론이고 업무의 모든 부분에 고스란히 영향을 주었다. 일각에서는 잡스의 옷차림이 거의 집착에 가까운 수준이었다고 평가한다. 월터 아이작슨이 집필한 전기를 보면 잡스는 승객용 좌석의 버튼과 같이 개인 비행기의 아주 작은 세부 사항에도 일일이 신경을 썼다. 그는 광택이 나는 메탈 버튼이 마음에 안 든다며 브러쉬 니켈로 바꾸라고 지시했다. 그런 식으로 여러 가지 옵션을 그의 취향대로 바꾸려면 비용이 눈덩이처럼 불어나는데다 제작 기간도 늘어나서 제작 업체는 분명 이를 탐탁지 않게 여겼을 것이다.

스티브 잡스가 디자인을 중시하는 면에서 독보적이었다면 대다수의 사람은 그와 정반대의 경향이 두드러진다. 우리는 옷가게 선반에 있는 옷을 그냥 사서 입고, 무미건조하고 다 똑같아 보이는 환경에서 일한다. 저렴한 도구를 사용하고, 다른 사람의 이맛살을 찌푸리지 않는 물건을 만들어낸다. 차별화를 끌어내는 선택은 의식적으로 꺼리다가 결국 아주 평범한 결과물만 손에 쥐게 된다.

디자인은 온전히 주의를 집중할 때 자연스럽게 나오는 결과물이다. 혁신적인 결과를 원한다면 자신의 생각과 행동을 먼저 디자인해야 한다. 삶과 일을 모두 새로 디자인할 때 다음과 같은 3가지 원칙을 고려하기 바란다.

1) 자기 자신을 디자인하라

스티브 잡스처럼 터틀넥만 사라는 말이 아니다. 자신이 어떤 사람인지 잘 생각해 보고 그에 어울리는 외모와 행동을 신중하게 선택하기 바란다. 기업가에게 이는 매우 중요한 문제다. 외모와 행동은 직원, 투자자, 고객, 업계 내의 모든 사람이 보이지 않는 당신의 내면과 개성을 이해하는 데 중요한 메시지를 전달하기 때문이다. 회사를 세운 사람들은 상대방의 기대에 부응하기 위해 어떤 점을 갖추고 외모와 행동을 어떻게 해야 하는지 끊임없이 이야기한다. 그러면서 매우 독특하고 개성 넘치는 리더가 운영하는 팟캐스트를 구독하고 열심히 들으면서 그런 리더를 우상화한다.

사무실에서 자신의 옷차림이 어떤지, 어떤 물건을 사용하는지 검토한 후 자문해 보라. '나의 성격과 성과를 최적화해주는 방식이라고 할 수 있는가? 아니면 주변 사람에게 나에 대한 오해를 전달할 여지가 있는가?'라고 물어 보자.

2) 부서나 팀을 디자인하라

주변에 자신만의 취향과 습관을 지닌 사람을 많이 두고, 그들과 함께 각자의 취향이나 관심사를 개발하는 데 적극적으로 노력해 보라. 리더십과 권한 부여 부분에서 약간 언급했지만 주의할 점이 있다. 화려한 스타일을 좋아하거나 타인의 관심을 얻으려는 사람은 제외하는 편이 낫다.

그보다는 자신에 대한 비전이 있고 자신을 긍정적으로 표현하는 감각이 뛰어난 사람이 낫다. 일단 그런 사람을 찾은 다음 성과를 최적화할 자원을 함께 연구·조사해야 한다. 어떤 사람이 오전 11시에 출근해서 스탠딩 책상에서 일하면서 저녁 9시까지 근무할 때 최상의 결과를 낸다면, 그에게 스탠딩 책상을 마련해주고 늦게까지 일하도록 사무실 조명도 끄지 않는 식으로 말이다.

3) 외부에 보이는 기업의 모든 면을 디자인하라

당신과 당신의 회사를 대표하는 외부 자료와 자원은 사무실 내부에 신경 쓰는 것과 같은 수준으로 전념해서 자신에게 가장 잘 어울리는 것을 찾아야 한다. 결국 사람들은 당신이 보여주는 것으로만 판단을 하는데, 당신이 그냥 어떤 분야나 업무를 할 수 있다는 메시지가 아니라 그 분야나 업무에서 가장 뛰어나다는 점을 전달해야 한다. 예뻐 보이냐, 못 생겨 보이느냐의 문제가 아니다. 그보다는 자신이 선택한 것에 제대로 집중할지 아니면 사람들에게 불쾌감은 주지 않지만 애매하고 밋밋한 이미지에서 끝날지 결정하라는 의미다.

사실 수많은 회사가 과감한 결단이나 멋진 디자인을 회피한다. 과감함 때문에 고객을 놓칠지도 모른다고 생각하기 때문이다. 하지만 실제로 누군가에게는 과감함이 제3의 옵션이 될 수 있다. 당장 선택해야 하는 건 아니지만 누구나 선택할 수 있는 평범한 옵션 말이다.

디자인에 투자하고 과감한 표현을 사용하라. 그리고 자신의 외모, 사무실, 회사 등을 독특하게 보이도록 잘 정리하고 꾸며 보라.

117

목이 짧은 터틀넥이 주는 교훈은 늘 같은 옷만 입으면 시간을 아낄 수 있다거나 훌륭한 제품을 만들면 옷차림은 조금 엉망이어도 괜찮다는 게 아니다. 자신의 선택에 집중하고 디자인과 실행을 통해 자신의 선택을 행동으로 옮기라는 것이다. 물론 눈살을 찌푸리는 사람도 있겠지만 별로 개의치 않아도 된다. 잡스의 옷은 그의 패션 감각에 대해 많은 점을 드러내주지 않지만 혁신과 제품 디자인에 대한 그의 생각과 태도를 분명히 보여준다.

우리는 잡스처럼 매일 검은색 터틀넥에 청바지를 입지 않지만 잡스가 휴대전화나 컴퓨터를 멋지게 디자인해준 것을 흐뭇하게 생각한다. 그는 적당히 맞추는 데 만족하지 않고 아주 작은 오류나 불편함도 남기지 않으려고 편집증에 가까운 집착을 보였다. 그런 성향은 디자인에 대한 집중과 몰입에서 잘 드러난다.

당신은 과연 얼마나 몰입하고 집중하는 사람인가?

13장

책임

인정, 회복, 화해를 통한
새로운 관점을 도입하라

2005년 일본 미즈호 은행의 트레이더가 주식 매도 주문을 입력하
다가 실수를 저질렀다. 은행은 270억 엔(2억 4,700만 달러)의 손실
을 보았다. 그 트레이더는 1주당 61만 엔에 매도할 생각이었지만
1엔당 61만 주를 매각한 것이었다. 등골이 서늘해질 정도로 큰 실
수였다.

2016년 볼티모어 엔터테인먼트의 크루즈선 스피릿호가 출항
했다. 그 배에는 400명의 승객이 타고 있었다. 그런데 이 배는 한
밤중에 볼티모어 내항에서 부두와 충돌했다. 당시 선장은 잠들어
있었다. 이것도 엄청난 실수다.

우리도 실수를 저지르지만 위의 두 사례처럼 널리 알려지거나

재앙 수준의 심각한 실수를 저지르는 경우는 거의 없다. 일단 위의 두 사례에서 책임자는 모두 해고되었다. 하지만 그들이 더 중대한 처벌을 받아야 했을까? 만약 그렇다면 이처럼 막을 수 없는 문제를 일으킨 경우에는 어느 정도로 처벌해야 할까?

누군가 실수한 이야기, 특히 인명을 위험에 빠트리거나 사망자를 낳은 실수를 저지른 이야기를 들으면 우리는 책임에 대해 생각한다. 일상생활에서 책임을 진다는 것은 어떤 사람이 마땅한 처벌을 받는다는 뜻이다. 이처럼 책임이라는 단어에는 처벌의 의미가 매우 강하게 담겨 있으며 주로 복수, 보복 등과 관련된다. 하지만 이번 장에서는 책임이라는 표현을 조금 다른 각도로 사용하고자 한다. 본인이 책임을 떠안고 주변 사람들도 책임 있는 자리에서 일하도록 해주는 건 성공에 꼭 필요한 과정이다. 만약 당신이 책임이라는 말을 신속하고 극단적으로 정의를 실행하는 개념으로 여긴다면 성공에서 한 걸음 멀어질 수 있다.

책임을 일종의 징벌 모형으로 생각하면 사람들이 실수를 숨기려 한다. 실수나 잘못을 피하려고 아예 아무것도 안 할지도 모른다. 많은 사람이 근무하는 환경에서 이런 행동이 당연시된다. 사실 지금도 많은 조직이 이런 분위기를 유지한다. 다들 실수를 은폐하거나 실수할까 봐 몸을 사리는 분위기가 얼마나 답답하고 비효율적인지 잘 알 것이다. 실수나 잘못이 있다는 상황이 드러나자마자 직장에서 쫓겨난다면 누가 책임지려는 태도를 보이겠는가? 설상가상으로 이런 분위기가 조성되면 희생양을 찾거나 책임을 전가하는 문화가 생긴다. '이건 내 잘못이 아니야. 분명 다른 사람에게 문제가 있어서 그럴 거야. 그러니 적당히 죄를 짊어지게 할 대상을 찾아보자' 하는 식으로 생각하는 것이다. 마치 체스 게임처럼 다른 사람이 장차 언젠가 실수를 저지를 거라고 가정하고, 잠재적인 비난은 그들에게 전가하고, 문제가 전부 해결된 후에도 자신은 체스판에 남아 있는 위치를 선점하는 것이다.

이런 접근법은 전혀 도움이 되지 않는다. 반대로 생각해 보자. 사람은 누구나 처벌을 모면하고 싶은 마음 즉, 책임지는 것을 회피하려는 마음이 있다. 자신을 탓하는 사람들은 정직, 벌금, 해고와 같은 처벌은 상황을 재설정하는 방법이라고 생각한다. 다들 이와 비슷한 경험이 있을 것이다. 예를 들어, 어떤 친구를 실망시켰는데 그 친구가 화를 내는 것이 아니라 시무룩하거나 실망하는 모습을 보이는 것이다. 그럴 때는 차라리 친구가 그냥 나를 한 대 쥐어박으면 좋겠다는 생각이 든다. 하고 싶은 말이 많지만 꾹 참으면서 기운이 다 빠진 얼굴로 나를 쳐다보는 것처럼 불편한 순간도 없기 때문이다.

책임의 개념을 올바로 이해하고 효과적으로 사용하려면 지금까지 살펴본 부정적이고 도움이 되지 않는 충동을 모두 한쪽으로 밀어버려야 한다. 비난을 피하는 것이나 처벌을 받으려는 것은 사실 동전의 양면과 같다. 실수를 저질렀을 때 어떻게 수습할지 고민하는 게 아니라 실수 자체에 집중하기 때문이다. 그보다는 **우리가 놓치거나 손해 본 것을 다른 사람에게 회복시켜주고 그 과정에서 배우고 성장하는 것을 책임이라고 생각해야 한다.** 자기 행동이나 일의 결과에서 도망치지 않고 결과를 받아들이되, 자신과 주변 사람에게 더 나은 방향으로 이를 사용하려는 마음을 가져야 한다. 이런 의미의 책임에는 다음과 같이 3가지 주요 특징이 있다.

1) 인정

대기업의 관료주의적 분위기에서는 실수하지 않으려는 문화가 강하지만 지혜로운 리더나 부서는 문제가 무엇인지 파악하는 즉시 다른 사람들에게 알리고 함께 문제를 파고든다. 단지 용서를 구하려고 실수를 털어놓는 것과는 차원이 다르다. 이 개념이 틀렸다는 말은 아니지만 여기에서는 아무 쓸모가 없다. 무슨 일이 발생했으며 특정 개인 또는 당사자 주변의 모든 사람에게 어떤 영향이 있는지 솔직히 인정해야 하는데, 이렇게 해야 현실을 있는 그대로 이해하고 이를 바로잡을 방법을 마련할 수 있기 때문이다.

올바른 의미의 인정은 상황이 아주 심각하다는 주관적인 느낌이 아니라 다른 사람에게 미치는 결과나 영향에 주목하는 개념이다. 자신을 잘 추스르고 자신의 실수가 공동 창립자, 부서, 투자자, 고객 등 다른 사람에게 어떤 부정적인 영향을 주었는지 파악해야 한다. 이렇게 하면서 실시간으로 다른 사람에게도 상황을 알려준다면 그들도 인정의 의미를 제대로 이해하게 될 것이다. 진지한 태도로 인정하면 다른 사람도 비슷한 상황에서 인정하려는 용기를 낼 것이다.

2) 회복

회복은 말 그대로 처벌과는 정반대의 개념이다. 문제를 일으킨 당사자가 어떤 방식으로 처벌을 받을지 전전긍긍하면서 본인이나 자신이 속한 조직을 걱정하는 것이 아니라, 다른 사람이 입은 피해를 복구하려면 무엇이 필요한지 알아보는 행동이다. 질책과 처벌은 혼란을 가중시키고 부정적인 기분을 더할 뿐이다. 실수로 인해 상처 입은 사람들은 아직 상처를 안고 있는데, 이제 실수를 저지른 사람까지도 상처를 입게 되고 이 모든 상황을 지켜본 사람들은 '절대 실수하면 안 되겠구나' 하고 생각할 것이다.

그보다는 관련된 사람이 상처를 덜 입거나 시간이 조금 걸리더라도 완전히 피해를 복구할 수 있는 방법을 찾아야 한다. 금전적 보상을 제공하거나 엉망이 된 상황을 정리·해결하도록 시간을 주거나 거의 실패한 것처럼 보이는 프로젝트를 다시 시작할 기회를 주는 식으로 말이다. '정의'의 이름으로 집단의 분노를 표출하는 것이 아니라 문제를 바로잡고 상황을 해결하는 것을 당신이 중요하게 여긴다는 점을 자신과 팀원 모두에게 보여주어야 한다.

123

3) 화해

　적극적이고 열린 마음으로 현재 상황을 인정하고, 실수로 인한 여파나 결과를 수습하는 데 최선을 다했다면 이제 이런 상황이 반복되지 않을 것이라고 모든 사람에게 확신시켜야 한다. 그래야 실수에 발목을 잡히지 않고 계속 나아갈 수 있다. 물론 그렇게 한다고 해서 앞으로 절대 실수하지 않는다는 뜻은 아니다. 역동적으로 일하는 리더와 조직은 실수를 자주 저지르기 마련이다. 하지만 당신과 함께 일하는 사람들은 적어도 실수를 피할 수 있을 것이다. 당신이 실수를 반복하지 않기 위해 노력하고 있다는 사실을 그들도 알고 있다. 바로 여기에서 모든 걸 새로 시작할 수 있다.

　아무 일도 없었던 것처럼 행동하라는 말은 아니다. 어떤 실수나 문제가 발생했고, 모든 사람이 그 일을 통해 교훈을 얻었음을 기억하라는 뜻이다. 일 처리 과정을 간단하게 조정하는 것으로 끝날 수도 있지만 상황에 따라 각자의 역할이나 책임을 대대적으로 변경해야 할지도 모른다. 어느 쪽이든 '앞으로는 달라질 겁니다'라는 공수표만 날리는 게 아니라 실제로 모든 사람이 느끼고 인정할 수 있는 변화를 일으켜야 한다.

　일을 잘하는 리더 중 상당수는 자신의 과거에 저지른 실수를 좀처럼 잊지 못한다. 함께 일하는 사람에게는 매우 관대하게 용서를 베풀지만 처음부터 함께 일하지 않아서 '잘 모르는 점이 많은 사람'은 야박하게 대한다. 이렇게 본인에게는 엄격하고 공동 창립자에게는 너그럽지만 신규 직원에게는 야박한 태도를 보이는 리더가 많다. 책임이라는 개념을 깊이 생각해 보지 않았거나 잘 모르기 때문에 이런 태도를 취한다. 자칫하면 사람들은 당신이 특정인을 편애하거나 변덕이 심하다고 생각하고, 최악의 경우 미쳤다고 여길 것이다. 따라서 리더나 기업가라면 실수에 대한 자기 생각을 바로잡고 주변 사람의 직함이나 충성도와 관계없이 모든 사람에게 실수를 대하는 바람직한 태도를 보여줘야 한다.

업무 효율이 높은 부서는 책임 단계가 세부적으로 나뉘지 않는다. 책임을 온전히 받아들이거나 아예 책임을 찾아볼 수 없는 분위기로 양분된다. 책임감이 부족한 사람을 채용하면 다른 직원도 책임감에 따라 행동할 수 없으며 부서나 기업 문화에서도 책임이라는 개념이 말살된다. 부서의 주요 가치로써 책임을 도입하거나 사용하는 건 쉬운 일이 아니다. 사람은 용서를 하면 했지, 좀처럼 잊어버리지는 않기 때문이다. 그리고 책임을 주요 가치로 여기지 않는 분위기에서는 책임 소재를 따지는 문제에서 자신을 방어하려는 본능이 작동한다. 하지만 바로 지금이라도 책임에 대한 새로운 관점을 도입할 수 있다. 어쨌든 지금은 유람선이 어딘가에 충돌하거나 2억 4,700만 달러와 같은 금액을 잘못 입력한 것처럼 심각한 상황은 아니기 때문이다.

14장

권한 부여

모든 부서의 힘이나
영향력을 증폭시키기

자전거를 처음 탔던 때를 기억해 보자. 누구도 자전거를 잡아주지 않았고, 보조 바퀴도 없이 오롯이 내 힘으로 자전거를 움직였을 때 기분이 어땠는가? 운전도 마찬가지다. 부모님과 형제자매, 어린 시절의 기억을 모두 뒤로 하고 도로에 접어든 다음 친구들을 만나러 가기 위해 속도를 높일 때 어땠는가? 기분이 정말 좋았을 것이다. 비행기를 조종하거나 배를 몰거나 모터사이클 경주에 참여해 본 사람도 있을 것이다. 이런 활동은 정말 즐겁고 스트레스를 단번에 날려준다. 처음으로 자유와 권력을 맛본 기분은 결코 잊지 못할 것이다.

이런 경험에서 우리는 발견, 숙달, 타당화, 자유라는 과정을 거친다. 나중에 이 과정을 더 자세히 살펴보겠지만 일단 지금은 핸들이나 운전대를 잡기까지 어떤 과정을 거쳤는지에 대해 생각해 보자. 우선 어느 정도 두려움을 느꼈을 것이다. 그리고 당신의 옆에 도와주는 사람 즉, 권한을 가지고 있으며 그 권한을 당신에게 위임할지 결정하는 사람이 있었을 것이다. 시간이 흘러 마지막에는 당신이 모든 권한을 갖게 되었으며, 그와 더불어 자유("나는 이제 나갈 거야!")와 책임("이 차의 긁힌 자국은 그냥 안 보는 게 낫겠어.")도 떠안았을 것이다. 이 상태가 되면 한 번도 경험해 보지 못한 완벽한 독립을 맛보게 된다.

당신이 10대 청소년이라면 당신에게 자기 차를 운전하게 해줄 어른이 과연 있을까? 당신의 부모가 천방지축으로 행동하는 당신이 자전거를 타고 멀어지는 모습을 지켜볼 때 어떤 심정이었을지 상상해 보라. 이렇게 과거에 자신이 얼마나 위험에 대해 무지했는지 생각해 보면 혼자 자전거를 타거나 차를 몰고 나가도록 허락해 준 일이 새삼 놀랍게 느껴질 것이다.

당신이 자전거나 자동차를 타도록 기꺼이 허락한 사람의 처지를 생각해 보는 게 개인 간의 인간관계나 직장 내에서의 인간관계에서 권한을 부여하는 문제에도 도움이 된다. 여기서 말하는 권한 부여는 어떤 사람이 자신의 정체성에 대해 확신을 준다는 의미가 아니다. 또한 앞으로 살펴볼 다양한 개념에 '참여상'을 주는 것, 다시 말해서 모든 사람이 자신이 누구며 어떤 사람인가에 대해 편안하게 만들어주는 타당화와는 다른 것이다.

권한 부여는 모든 부서 또는 조직의 힘이나 영향력을 증폭시키는 개념이다. 권한 부여를 하려면 위험을 감수하면서 주변 사람을 진심으로 믿어야 한다. 일단 차를 몰고 도로에 나왔으니 무슨 일이 일어날지 모르는 상황이지만 모두가 원하는 것 즉, 자녀라면 자유와 독립, 부모라면 자녀로부터의 자유를 얻으려면 현재의 가능성을 발전시키기 위해 부서나 조직이 다 함께 노력해야 한다.

권한 부여에 요구되는 것이 무엇이며, 권한 부여를 통해 무엇을 얻을 수 있는지 명확하게 이해하려면 권한 부여를 구성하는 요소를 자세히 파악해야 한다. 앞서 말했듯이 권한 부여는 발견, 숙달, 타당화, 자유로 구성되는 일종의 루프다. 권한을 부여하는 주체와 권한을 부여받는 대상은 속도를 달리하며 이 루프를 계속 돌아야 한다.

1) 발견

믿기 어렵겠지만 당신이 그토록 원하는 대상에 대해 실제로 아는 게 하나도 없던 시절이 있었을 것이다. 자전거나 자동차는 물론이고 다국적 기업의 대형 프로젝트 예산에 대한 단독 재량권 같은 것 말이다. 처음에는 이런 대상의 존재를 알게 되고, 시간이 흐르면서 나도 가질 수 있을지 모른다고 생각하게 된다. 그리고 그런 대상 중에서 정말 중요하거나 큰 의미가 있는 것들에 대해, 처음에는 내가 가질 수 있는 것이라는 생각조차 못하는 경우가 많다.

권한을 부여할 때 얻게 되는 진정한 보상 즉, 자유를 얻는 과정에는 기본적으로 위험이 수반된다. 성공할 수도 있고 실패할 수도 있다. 결과가 어떻든 결정은 오롯이 당신의 몫이다. 어른으로서 큰 위험을 감수하거나 업무와 관련된 결정이라고 생각하면 상당히 부담스러운 일처럼 보일 것이다. 바로 이런 지점 때문에 사람들이 권한 부여에 대해 큰 오해를 품는다. 어떤 사람은 '권한 부여는 사람들이 원하는 권력이나 권위를 거머쥐도록 내버려두는 것'이라고 생각하기도 한다. 사실 권한 부여는 사람들에게 그들이 누릴 자격이 있는 권력과 권한을 실제로 손에 넣을 준비가 되어 있음을 알려주는 것에서부터 시작된다.

그 단계를 발견이라고 한다! 리더의 입장에서 보자면 조직의 투명성을 노출하는 걸 허용하여 부서원이 더 큰 문제를 확인하고 이를 해결할 가능성을 탐색하도록 도와주는 행동이다. 안전하고 사려 깊은 방식으로 이렇게 행동하면 사람들이 문제를 명확히 파악하고 어느 정도의 위험을 감수하더라도 이를 받아들일 마음의 준비를 할 수 있다.

당신이 9살이었을 때 부모가 자동차 열쇠를 내줬다고 생각해보자. 당신은 아마 열쇠를 부모에게 그냥 돌려주었을 가능성이 크다. 아이의 입장에서는 운전에 관심이 생기지도 않았고 운전할 준비도 되지 않았는데 억지로 운전을 배우게 하는 일은 아무 소용이 없다. 오히려 운전에 대한 공포심이 생겨서 운전을 늦게 배우거나 아예 안 배우려고 할지 모른다. 그보다는 부모가 차를 운전할 때 아이를 함께 태우고 다니고, 운전에 대해 물으면 잘 대답해주는 편이 그 아이를 운전에 익숙하게 만들 것이다.

— **주의**: 어떤 사람은 실제로 9살에 운전대를 잡아보았고, 그 경험을 말하고 싶어서 입이 근질거릴지 모른다. 하지만 그냥 참아주기 바란다. 그런 위험을 감수한 경험은 매우 이례적이며, 다른 사람에게 그런 경험을 권유하는 것도 바람직한 일이 아니다. 오늘날 많은 관리자와 리더는 위험 관용에 대한 기준점이 높다. 바로 이 때문에 권한 부여라는 문제에서 어려움을 느낀다. 그들은 조직 내의 9살짜리 아이 같은 직원에게 열쇠를 계속 넘기는데, 결국 그 열쇠가 모두 자기 손으로 되돌아오는 것을 보고 짜증을 낸다. 하지만 열쇠를 넘겨받은 직원은 열쇠를 감당할 준비가 되지 않아서 돌려준다는 사실을 이해해야 한다.

2) 숙달

이 단계에서 개인은 안전하고 신뢰할 수 있는 환경에서 자신에게 주어진 권한을 어떻게 직접 사용할지 배우게 된다. 어떤 경우에는 부서의 리더 역할을 넘겨받으려고 완벽히 준비된 상태라서 그냥 권한을 넘겨주고 한 걸음 뒤로 물러서기만 하면 된다. 하지만 많은 경우에 권한을 받아 진정한 자유를 맛보기 전, 약간의 도움을 받는 과도기가 필요할 테다.

안타깝게도 숙달된 상태를 위해 교육하는 단계가 생략되거나 교육이 제대로 이루어지지 않는 경우가 종종 있다. 권한에 대해 배우는 게 불가능한 상태가 아니라, 권한을 가진 개인이나 조직이 원래의 권한을 넘겨줄 마음이 없기 때문이다.

리더십이나 권한, 영향력 등에서 더 성장할 기회가 생기면 당신에게 그런 기회를 주는 사람이 먼저 어떤 준비를 해주는지 잘 살펴보라. 그 사람은 정말 당신에게 자동차 운전석을 내줄 때 필요한 점을 알려주고 있는지, 아니면 옆자리에 같이 타고 가면서 당신이 운전하는 내내 감시할 생각인지를 말이다.

지금 논하는 권한 부여는 실질적인 변화를 가져오면 조직의 발전을 도모하는 개념이다. 권한을 넘겨받는 사람에게 진정한 자유를 뜻하며, 자동차 핸들을 잡은 뒤에 큰 사고를 일으키지 않도록 만반의 준비를 하는 과정을 포함한다. 직원에게 권한을 사용하는 방법을 보여주거나 본인이 직접 해 보게 해서 실무를 제대로 이해했는지 확인해야 한다. 물론 그렇게 하려면 어느 정도 시간과 노력을 들여야 한다. 대신 이렇게 하면 상대방은 당신이 말로만 권한을 부여하는 것이 아니라 진심으로 권한을 넘겨주려는 한다는 사실을 느낄 것이다. 그러므로 그들에게 당신처럼 운전하는 방법을 가르쳐서 언젠가는 (당신의 차를 몰고) 혼자 떠날 수 있게 해야 한다.

3) 타당화

다른 장에서 권력, 책임에 대해 집중적으로 다루었다. 거기에서 언급했듯이 어떤 것을 공개적으로 선언하고 확언해주는 행동은 영향력이 크다. 권한을 부여받는 사람은 자유를 누리는데, 이때 공개적인 선언·확언은 자유를 목격하게 될 모든 사람에게 미리 알려주는 효과를 낸다. 이 시점에서 당신이 행동한 결과로 다른 사람들이 긍정적인 것과 부정적인 것을 경험한다는 사실을 인지하게 된다.

자동차 운전의 비유로 돌아가자. 운전 시험에서 통과했음을 확증해주는 물건이 있다. 바로 운전면허증이다. 운전면허증은 다른 사람들에게 당신과 함께 도로에서 주행하는 일이 합리적이고 안전하다고 느끼게 하며, 만약 운전을 잘하지 못하면 면허가 취소될 수도 있음을 전제한다.

비즈니스 환경에서는 승진이나 권한의 변화에 있어서 운전면허증처럼 객관적이고 확실한 증명서가 존재하지 않는다. 학위나 자격증은 셀 수 없이 많다. 하지만 지금 우리가 논하는 주제와 연관 지어 보면 쓸모가 크지 않다. 학위나 자격증은 업무 능력이나 자격을 객관적이고 신뢰할 만한 방법으로 입증해주지 못한다. 우리가 가진 것이라고는 리더의 존재 그리고 누군가가 새로운 도전 과제를 맡을 것이며 리더는 그 사람이 잘 해낼 거라고 믿는다는 약속뿐이다. 리더는 부서나 팀이 보는 자리에서 열쇠를 넘겨주고 차에서 멀찌감치 물러나야 한다.

4) 자유

자유는 권한 부여라는 개념에서 가장 핵심적인 부분이다. 권한을 부여하는 것은 자유를 얻는 과정이며, 자유가 없으면 그 과정도 무의미하다. 권한을 부여한다는 말은 다른 사람에게 권한을 넘겨주거나 권한에 대한 접근권을 만들어주는 일 전체를 가리킨다.

다른 사람에게 권한을 부여하기로 마음먹은 리더라면 이번 마지막 단계에서 계속 시험받을 것이다. 권한을 부여하는 과정에서 매우 다양한 방식을 통해 어떤 교훈을 반복적으로 배우게 되는데, 그것은 바로 사람들이 내가 생각한 것과 전혀 다른 방식으로 일을 처리해서 훌륭한 결과를 산출할 수 있다는 교훈이다.

예를 들어, 당신의 목표가 수익을 50% 늘리는 것인데 케빈이라는 직원이 당신의 조언대로 따르지 않고도 그 목표를 달성했다면 어떨까? 당신은 그 결과를 받아들일 수 있는가? 케빈의 성공을 인정하기 어렵다면 리더십에 대해 설명한 장을 다시 읽고 자기 생각과 느낌을 천천히 돌아보기를 바란다. 통제권을 행사하거나 통제권을 쥐고 있는 사람으로 보이기를 원하는 마음이 크다면 다른 사람에게 권한을 부여하는 능력을 키우기보다 통제하려는 욕구를 먼저 다스려야 한다.

밝고 건전한 환경이라면 권한을 부여하는 일이 한시도 멈추지 않는다. 사람마다 상황이 다르고 속도도 다르지만 절대로 소홀히 해서는 안 된다.

사실 권한을 부여하는 일을 얼마나 잘하느냐에 따라 부서 직원들과 당신의 상호 작용이 결정된다고 해도 과언이 아니다. 시간이 조금 지나면 아주 기본적인 사내 문화로 자리 잡을 것이며 따로 신경 쓰지 않아도 지속되는 것처럼 보일지 모른다. 하지만 출발점은 바로 당신이 되어야 한다. 권력을 정말로 내려놓으려면 용기와 굳은 결심이 필요하다.

15장

전략

목표를 달성하기 바란다면
단순하고 직접적으로 짤 것

"도대체 무슨 생각으로 일을 그렇게 한 거야?" 이 말은 질문이 아니다. 비난과 질책이다. 무언가 일이 심각하게 잘못되었을 때 이런 말을 듣기 쉽다. 잘못을 저지른 사람이 아무런 전략도 세우지 않았고 상황이 얼마나 복잡한지 잘 알아보지 않았거나 자신의 행동이 논리적으로 어떤 결과를 가져올지를 두고 관련된 가능성을 모두 검토하지 않았다고 지적하는 말이다.

쉽게 말해서 전략이란 목표를 달성하기 위해 행동을 하기 전에 어떻게 할지 미리 생각해 보는 것이다. 이 문장에서 '미리'라는 표현이 중요하다. 실수로 엉뚱한 차선에 들어갔다가 마주 오는 차를 가까스로 피하는 건 전략이 아니라 반응이다. 찰스턴에서 샌프란시스코까지 차로 이동하는 전략의 경우, 애초에 불상사가 생기는 상황을 막기 위해 오른쪽 차선으로 계속 달리자고 했다면 이는 미리 생각해 본 결과라고 할 수 있다. 샌프란시스코까지 차로 이동한다는 목표는 또 다른 중요한 부분이다. 몇 가지 중요한 용어를 사용해서 분석해 보자.

(전략) 가장 중요한 목표나 전체적인 목표를 달성하기 위해 고안해낸 행동 방식

(예시) 존과 크리스는 샌프란시스코까지 직접 운전해서 가기로 한다.

(계획) 어떤 일을 하거나 성취하기 위해 세부적인 제안을 만드는 것

(예시) 존과 크리스는 샌프란시스코까지 렌터카를 운전해서 갈 것이다. 존이 운전대를 잡고 크리스는 어느 길로 가야 할지 파악한다. 5일 내로 샌프란시스코에 도착할 예정이다.

(전술) 특정 목표를 달성하는 데 필요한 일련의 행동이나 단계

(예시) 존이 찰스턴으로 가서 사무실에 있는 크리스를 픽업한다. 존은 안전하게 모든 법과 규정을 준수하면서 운전한다. 존과 크리스는 주기적으로 정차하여 음식을 먹거나 주유소에 들를 것이다. 두 사람은 에어컨 온도를 얼마로 설정해야 둘 다 쾌적하다고 느낄지 협의하고 그에 맞추어 에어컨을 가동할 예정이다. 가끔 음악을 듣거나 대화를 나누기도 하지만 아무 말 없이 시간을 보낼 때도 있을 것이다.

스파크

지금은 전략에 집중하기로 하자. 여기서 말하는 전략은 원하는 결과를 얻기 위해 고안된 지적 활동 및 결과를 얻는 데 필요한 행동이나 단계를 말한다. 단순한 계획이나 전술, 업무상의 전문성, 개인의 역량이나 예측할 수 없고 알려지지 않은 다른 요소와 관련된 세부적인 활동을 가리키는 게 아니다.

개인이 세웠든 기업이 세웠든 기본적으로 거의 모든 전략에는 어느 정도의 결함이 있다. 대부분 전략을 직선형 과정이라고 오해하기 때문에 이런 문제가 생긴다. 샌프란시스코에 가는 예시가 완벽했던 건 존과 크리스가 명확한 위치에서 출발해서 또 다른 명확한 목적지에 가려고 노력했기 때문이다. 현실에서는 사람의 심리와 환경적 요소 때문에 이런 식의 계획이 무용지물이 되기도 한다.

대다수 기업의 경우나 지금 이 책을 읽는 독자의 경우라면, 여기서 말하는 비유적인 차는 이미 움직이고 있는 상태일 것이다. 당신이 무엇을 계획했든 이미 실행 단계에 접어들었고 이제 거기에 맞춰서 생각을 조정해야 한다. 이 차는 이미 주행 중이다. 개인이나 기업은 차의 정확한 위치, 방향, 속도를 파악하려고 애쓰는데 이는 전략 개발에서 흔히 부딪히는 어려움이다.

이 문제는 주변 사람들의 영향을 받으면서 더 복잡해진다. 그들은 일자리나 평판을 지키고 갈등을 피하고 싶은 마음에 차가 제대로 된 방향으로 가고 있다고 계속 말하기 때문이다. 그래서 자동차가 실제로는 로스앤젤레스 방향으로 가는데도, 샌프란시스코로 가는 전략적 계획이 눈 앞에 펼쳐지는 것이다. 둘 다 서부 지역, 캘리포니아에 있는 도시지만 여기에서는 전혀 다른 결과를 뜻한다. 대다수 전략은 아래의 문제점 중 하나 이상을 반드시 겪는 듯하다.

1) 목적지에 대한 혼란 또는 의견이 충돌한다

당신은 5년 후에 매각할 목적으로 회사를 세우는 것인가? 여러 가지 서비스를 판매하는 상품형 기업인가 아니면 1~2개 제품을 판매하는 전문 서비스 기업인가? 혁신이나 품질 시행에서 최고를 겨냥하는가? 어느 쪽이든 팀원들에게는 계속 운전해서 앞으로 가라고 격려를 하면서 우리는 도로 상황에 따라 필요한 해결책을 마련할 것이다.

2) 길을 찾아가는 주체가 누구·무엇인지 혼란스럽다

자본 증자를 할 때 창립자들이 만든 지도대로 방향을 잡았는가? 투자자의 직감에 따라 회사를 운영하고 있는가? 어느 분야든 가리지 않고 수익이 나올 만한 곳이면 기웃거리는가? 그렇게 하면 행동을 정당화하는 이유가 서로 상충하여 문제가 발생하거나 시간과 노력을 낭비한 것에 대한 좌절감을 맛보게 되며, 어느 방향으로 갈지 매일 논쟁을 해야 한다.

3) 연료 탱크에 연료가 충분치 않다

계획이 있으나 관련 자원을 제대로 반영하지 않은 상태며, 부서나 팀이 현재 가지고 있는 인력이나 자원 등을 고려할 때 계획상의 경로를 도저히 따라갈 수 없는 상황을 말한다. 이런 계획을 실행하면 직원들은 장기적인 결과가 아니라 단기적인 계획 위주로 생각하고 행동하게 된다("지금 당장 주유하러 가자!").

이제 연료가 바닥나서 자동차 비유를 마무리할 때가 된 것 같다. 이미 살펴본 것처럼 계획은 직선형 과정이 아니며, 도로의 규칙을 착실하게 따라가기만 하는 행위를 의미하지도 않는다. 어쩌면 모터가 아니라 풍력으로 항해하는 배가 더 적절한 비유가 될지 모른다. 바람의 힘으로 파도를 가르며 앞으로 나아가는 배를 떠올리면서 비대칭형 또는 비선형에 가까운 현실 세계에서 계획 수립에 관한 더 나은 모형을 활용해 보자. 많은 유익함을 얻게 될 것이다.

그런 방식으로 계획을 수립하는 단계는 다음과 같다.

1단계: 현재 위치를 파악하라

개인이든 기업이든 모두 중요한 핵심 성과 지표를 찾아내 정확한 비율·관계를 파악해야 한다. 천체 항법이야말로 여기에 가장 잘 어울리는 비유일 듯하다. 움직이는 물체가 자신의 위치를 알아내려면 고정된 위치값 또는 연속되는 고정 위치값을 알아내야 한다. 소프트웨어 제품을 배송한다고 가정해 보자. 개발 속도와 코드의 깔끔한 상태는 어떤 관계인가? 눈앞의 고객 만족을 희생시켜서라도 혁신을 추구할 정도로 혁신을 중요하게 여기는가? 자신의 우선순위를 잘 고려해 보고, 부서의 행동 방향이나 속도를 결정하는 우선순위가 무엇인지 알아보기 위해 다른 직원들의 의견에도 귀를 기울여라. 그러면 지금 위치를 파악할 수 있고 그에 따라 목표를 설정할 수 있을 것이다.

2단계: 목적지를 정한다

그저 '서부'나 '캘리포니아'라고 말할 게 아니라 더 구체적인 목적지를 정해야 한다. 현재 자신의 위치 또는 기업의 위치를 위도와 경도로 파악한 다음 이를 잘 활용한다. 조직이 목표에 온전히 몰두하는 데 가장 중요한 요인이 있다. 바로 목표를 달성하기 위해 무엇을 기꺼이 희생할지 명확하게 설정하는 것이다. 당신이 정한 목적지대로 따르면 동시에 두 군데에 가야 하는 상황이 발생한다거나 당신이 원하는 목표에 도달하려고 다른 일을 잠시 중단했는데 그 때문에 처벌을 받는다고 느끼면 다른 직원들은 온 마음을 다해 당신을 지지하지 않을 것이다.

3단계: 승무원을 평가한다

유능한 항해사가 너무 부족한가? 중복되는 업무에 할당된 사람이 너무 많은가? 업무 배정에서 아예 빠진 사람은 없는가? 이 단계는 이전 단계를 순서대로 거쳐온 이후에만 검토가 가능하다. 현재 자신이 무슨 일을 하고 있는지 그리고 1년 후에 어느 단계까지 가고 싶은지 명확히 정하면 자신에게 필요한 부분과 취약점을 정확히 짚어주는 모형이 윤곽을 드러낼 것이다.

4단계: 바다를 존중하라

폭풍이 닥치거나 바람이 잦아들 수 있다. 선원 중 누군가 아플지도 모른다. 이렇게 사람이 통제할 수 없으며 계획에 지장을 주는 요소들도 고려해야 한다.

5단계: 항해를 떠나라!

주기적으로 자신의 위치를 정하고, 필요하면 경로를 수정한다.

끝으로 전략이 성공하기를 바란다면 단순하고 직접적인 전략을 짜야 한다. 전략을 기억하거나 설명하는 데 어려움을 느끼거나 일관성 있게 전략을 논하려는데 전략집을 꼭 봐야 하는 사람이 있다면, 전략이 있다고 말하기 어렵다. 어떤 일의 모든 요구 사항에 도달하려고 전략으로 가장한 워드 샐러드word salad(단어와 구절이 뒤섞여 논리적 일관성과 의미가 부족한 상태-옮긴이)를 가지고 있을 뿐이다. 그것은 '동급 최고의 기술과 지역 클라이언트 서비스를 활용하여 남서부 중소기업을 선도하는 SaaS 솔루션을 제공하는 것'과 '스코트데일에 사무실을 열어 애리조나에서 수익을 2배로 늘리는 것'의 차이라고 할 수 있다. 스코트데일에 있는 사무실에 가야만 목표 수익을 달성할 수 있다는 말이 아니다. 하지만 적어도 그렇게 하는 것이 이해할 만한 일 처리 방식인지 아닌지는 시간이 흐르면 알게 될 것이다. 그게 바로 전략에서 가장 중요한 부분이다.

옳고 그름을 떠나서 적어도 무슨 생각을 했는지 사람들에게 말할 수 있어야 한다.

16장

긴박감

최대 속도로 밀고 나가라

미국의 차량관리국에 가 보면 '업무 처리가 빠르다'라고 느낄 만한 순간이 거의 없다. 차량관리국은 업무 처리가 느리기로 유명하다. 지금까지 일을 하는 데 필요한 여러 가지 개념을 살펴보았으나 일을 빨리 처리하는 방법은 한 번도 언급하지 않았다. 헌신적으로 강한 의욕을 품은 채 열정적인 태도로 일하는 태도를 강조했다.

차량관리국에 오래 머물지 않아도 그곳에는 이 책에 나온 모든 요소가 거의 없다는 사실을 알아차릴 수 있다. 하지만 업무 시간이 다 끝날 무렵에 가 보면 마법 같은 일이 벌어진다. 마감 시간이 임박하면 차량관리국의 분위기가 확 달라진다. 사무실을 닫기 전에 번호표를 뽑은 모든 손님이 재촉하기 때문에 직원들이 분주하게 움직인다. 실제로 보면 믿기지 않을 정도로 업무 처리 속도가 빨라진다. 조금 전까지 보이지 않던 직원들이 모두 등장하고 서비스 스테이션은 최대치로 가동된다. 그리고 여기저기서 빨리 처리해 달라는 목소리가 들리고 모든 사람들이 정신없이 움직인다. 그래서 일부러 업무가 끝나가는 시간에 찾아가는 사람도 있다. 어쨌든 대다수의 차량관리국이 마감 시간이 임박했을 때 일하는 모습에 지금부터 살펴볼 중요한 요소가 들어 있다. 바로 긴박감이다.

긴박감은 최대 속도로 앞으로 밀고 나가는 것이다. 다른 중요한 요소가 모두 갖춰져 있을 때 자연스럽게 발생하는 상태라고 할 수 있다. 긴박감은 다음에 나올 결과에 온전히 집중하는 상태를 가리키는데 오후 5시, 금요일, 12월 31일과 같은 특정 시점 또는 안일하게 굴던 직원들이 갑자기 열심히 일하는 척하는 것과 전혀 차원이 다른 개념이다.

중요한 일을 끝내야 하는 상황에서 살펴보자. 긴박감은 흥분이나 두려움처럼 서로 밀접하게 관련된 몇 가지 개념과는 확연히 구분된다. 차량관리국의 직원들이 분주히 일하는 이유는 그들도 퇴근 시간을 손꼽아 기다리기 때문이다. 보상을 간절히 바라는 마음에서 열정이 생기는 것이지만 여기에는 몇 가지 한계가 있다. 이런 긴박한 분위기는 차량사무국의 업무 성과를 전반적으로 높이는 데 별로 도움이 되지 않으며, 서비스 방식이나 절차에 혁신을 가져오지 못한다. 사실 이런 상황은 지극히 이기적인 동기와 관련이 있으

144

스파크

며, 일과를 마칠 무렵 많은 사람이 퇴근을 앞두고 갑자기 바쁘게 움직이는 행동에 불과하다.

마찬가지로 처벌이 코앞에 닥쳤다는 두려움이 생기면 사람들의 행동이 빨라진다. 일과가 끝날 무렵 통화 안내 실적이 가장 적은 사람이 바로 해고된다는 사실을 알리면 직원들은 미친 듯이 전화를 걸어댈 것이다. 하지만 그렇게 일한다고 해서 기업이나 고객에게 장기적으로 이익이 될 정도로 통화의 질적 수준이 개선되지는 않는다.

안타깝게도 많은 직장이 안일함, 흥분, 두려움이 모두 공존하는 어중간한 상태를 유지한다. 3가지 감정이 주기적으로 교차하는 곳도 있다. 도착이나 출발 시간, 마감일, 업무 진행 상황 보고, 인센티브, 처벌을 생각할 때 어떤 기분이 드는지 생각해 보면 금방 이해할 수 있다. 이런 것들은 모두 사람들을 행동하게 만드는 도구인데, 자연스러운 상태로 내버려두면 멈추어 아무것도 안 한다고 가정하기 때문에 도구로 작동한다. 수많은 리더와 관리자는 직원에게 당근과 채찍을 사용하거나 가까이에서 지켜봐야만 그들이 일을 해서 결과를 산출한다고 생각한다.

긴박감이 필요한 이유는 다른 중요한 개념이 이미 자리 잡고 있다는 것을 확증해주기 때문이다. 긴박감은 굳이 가르칠 필요가 없다. 긴박감을 느끼도록 격려하거나 칭찬으로 유도하지 않아도 된다. 하지만 긴박감의 유무를 통해 무엇이 드러나는지 생각해 보면 매우 중요한 요소임을 깨닫게 된다. 자신의 삶과 일에서도 긴박감을 찾아야 하지만 자신이 관리하는 직원의 성과에서도 긴박감을 확인하는 일은 큰 도움이 된다.

긴박감을 통해 확인할 수 있는 첫 번째 특성은 헌신 또는 전념이다. 헌신적으로 전념하는 마음이 없으면 일 처리 속도가 크게 느려진다는 점은 반드시 짚고 넘어가야 할 중대한 사안이다. 헌신적인 마음이 없는 사람은 남을 관찰하고 그들의 선택을 비교·평가하며 생산적인 행동을 그저 흉내 내고 마음속의 불안과 자기 의심에 빠져 허우적대느라 시간을 허비한다. 자기 역할이나 자기가 속한 집단에 헌신적인 마음이 없는 사람은 방해 요소를 찾아다니거나 바쁜 척하느라 생산성을 크게 갉아먹는다.

일주일 정도 원격 근무를 하면서 슬랙이나 이메일을 전혀 사용하지 않고 비즈니스 계획을 완성하거나 웹사이트 코딩을 한다고 가정해 보자. 이렇게 일하려면 다른 직원에게 당신이 무슨 작업에 집중할지 미리 알려주어야 한다. 다른 일을 다 제쳐두고 그 일에만 집중할 것이며 정해진 기일 내에 반드시 마쳐야 한다는 점도 알려야 한다. 그러면 기업의 리더나 책임자는 분명 당신이 그렇게 일하도록 열정적으로 도와줄 것이다. 하지만 많은 전문가는 이런 시나리오를 외면한다. 왜 그럴까? 사람들은 자신이 온전히 집중하지 않았다는 사실을 숨기기 위해 수많은 방해 요소와 변명을 내세우기 때문이다. 당면한 작업에 대한 훈련이나 준비가 부족하다는 생각 때문에 그럴 수도 있고, 실패에 대한 두려움을 느끼거나 자기 통제가 부족해서 일주일이라는 시간을 생산적으로 사용할 자신이 없어서 그렇게 행동할 수도 있다. 그런데도 진정한 헌신과 전념하는 태도가 있다면 변명이나 핑계를 대지 않고 목표를 향해 돌진할 것이다.

긴박감을 통해 드러나는 두 번째 특성은 동기다. 다른 곳에서도 언급했듯이, 우리가 말하는 동기는 뇌물이나 강압과 다른 개념이다. 동기는 공동 창작, 권한 부여, 자신과 자신이 이끄는 팀의 가능성을 인지하는 일과 깊은 관련이 있다. 많은 전문가의 경우를 떠올리면 이해가 쉽다.

리더, 사업 동반자, 동료, 투자자 등과의 관계가 불확실해지면 긴박감이 크게 줄어든다. 이런 인간관계가 약해지거나 관련 당사자에게 어떻게 도움이 되는지 명확하지 않은 상태에서 일하려면 성공의 조건을 협상하는 데 많은 시간과 노력이 든다. 성공의 조건을 협상하다가 소송으로 이어질 때도 있다. 어떤 역할이나 결과에 전념하려는 마음이 있어도 그 일을 성공시키는 데 관련된 사람과의 관계가 편하지 않아서 적극적으로 행동할 의지가 생기지 않는 상황이 얼마든지 생길 수 있는 것이다.

또한 긴박감은 얼마나 열정적인지 정확히 알려준다. 일을 마치고 마지막에 보상받을 때만 기뻐하는 것이 아니라 어떤 일을 하는 것 자체에서 기쁨을 느끼는 것, 그 일을 하는 과정에서 즐거움과 만족감을 느끼는 것과 관련이 있다. 차량관리국에는 이런 의미의 긴박감을 거의 찾아볼 수 없다. 조금만 버티면 퇴근 시간이라는 사실만이 그들을 아주 활동적으로 일하게 만들기 때문이다.

이와 대조적으로 칙필레Chick-fil-A(미국의 치킨 패스트푸드 체인점-옮긴이) 매장은 순수한 열정으로 일하는 분위기다. 가맹점 선택 과정이 매우 까다롭고 아주 철저한 교육을 받아야 하며, 보상 수준이 매우 높다. 그래서인지 칙필레의 관리자는 매장에서 일하는 것을 진심으로 즐기는 듯이 보인다. 그들은 자신과 생각이 같은 사람을 채용하고 교육시키며, 열정이 서로에게 전염되는 업무 환경을 조성한다.

운전면허증에 들어갈 사진을 촬영하는 일과 타일 바닥에 묻은 프라이드 치킨의 기름기를 닦는 일 중에서 어느 쪽에 더 마음이 끌리는가? 개개인이 얼마나 열정적인지를 봐서는 어느 쪽이 더 나은지 알 수 없을 것이다.

이 책의 다른 부분을 읽어본 사람은 이 장의 내용이 조금 독특하다는 것을 눈치챘을 것이다. 긴박감은 배우거나 연습할 수 있는 것이 아니라 자연스럽게 생기는 것이다. 한마디로 긴박감이 있느냐 없느냐의 문제인 것이지 정도의 문제는 아니다. 또한 긴박감에 의해 드러나는 특성들은 누구나 얻으려 하면 얻을 수 있는 것이다. 리더십, 권력, 협업에 대한 깊은 이해가 없는 사람도 얼마든지 긴박감을 품을 수 있다. 개인이든 기업이든 누구나 긴박감을 지닌 채 일할 수 있으며, '나는 긴박감을 가질 만한 상태나 수준이 안 된다'

라고 주장할 사람은 아무도 없다.

긴박감은 단순한 개념이기 때문에 개인과 기업에게 무시무시한 교훈을 준다. 긴박감의 존재는 누구에게나 명확히 드러난다. 긴박감이 없는 곳에서 긴박감이 있다고 주장하는 일은 거의 불가능하다. 아마 친구들과 골프 여행을 계획하면서 긴박감을 느꼈을 것이다. 창업 초반에도 그랬고 첫 아이가 태어나기 전에 집 안 곳곳을 단장하면서도 비슷한 감정을 느꼈을 것이다. 하지만 이제 오래전 일이라서 긴박감이 무엇인지 알지만 실감이 나지 않을 수 있다.

안일한 분위기에서는 부정적인 생각에 사로잡히기 쉽다. 그럴 때는 긴박감의 구성 요소를 생각해 보고 그런 요소를 찾거나 회복시키는 데 주력해 보라. 다른 사람을 재촉해서 일하게 만들려는 충동이 들어도 꾹 참고, 그들이 왜 목표를 향해 돌진하지 않는지 생각해 보기 바란다. 그 질문을 해결하면 근무 시간, 업무 진행 상황 보고서, 임의로 정한 마감일 따위에 더는 얽매이지 않게 된다. 긴박감을 가지고 일하면 최대 속도로 업무를 진행하게 되며, 안일하게 시간만 보내려고 눈속임하거나 꾀를 부리는 일이 사라질 것이다.

차량사무국의 퇴근 직전 모습을 보면 사실 오전 근무를 시작하던 시점에 무슨 일이 가능했는지 예측할 수 있다. 차량사무국을 관찰하여 배운 점을 활용하여 자신과 자신의 부서 및 기업을 잘 관리하기를 바란다.

3부

조직의 성공을 이끄는
8가지 개념

이 사회에서 우리는 생각보다 서서히 스며드는 삼투압 현상에 많이 의존한다. 아이디어는 부주의한 행동 때문에 널리 퍼진다. 기업이나 조직에 새로 등장한 사람은 오래된 사람들을 가까이에서 지켜보면서 그들의 행동을 따라 하는데, 눈치껏 빨리 일을 배워야 한다는 압박을 느끼기 때문이다. 젊은 직원이 경험 많은 선배를 뚫어져라 쳐다보면서 업무 요령을 배우려고 애쓰는 모습은 다들 한 번쯤 보았을 것이다. 하지만 이제는 그렇게 눈치를 보지 않아도 된다.

3부에서는 조직 전체에 전달하고 실행할 수 있는 여러 가지 개념을 살펴볼 것이다. 앞에서 살펴본 몇 가지 개념과는 조금 다른 방식으로 전달될 수 있으며, 각 집단은 융통성을 가지고 각자에게 맞는 방식으로 이를 실천하면 된다. 이 단계는 확장과 성장이 이루어지는 단계인데, 이 책에서 논하는 원칙을 고수하려는 모든 리더에게 다소 힘겨운 과정이 될 수 있다. 리더도 이제는 모든 것을 개인적으로 설명할 수 없고, 모든 행동을 모델로 삼을 수 없으며, 그 어느 때보다 다른 사람을 신뢰해야 하는데 이 모든 게 정말 쉽지 않다. 동시에 더 큰 집단이나 조직과 함께 일하면서 집단 역학에 대한 편견이나 고정 관념을 이겨내고 우수한 성과를 내는 모습을 보면 큰 만족감을 얻을 것이다.

그러므로 마이크를 잡고 모든 사람이 다 들을 수 있도록 말해주어야 한다. 이제 살펴볼 개념들은 그 어느 때보다 중요하며 삼투압 현상에만 맡겨둘 수 없다. 우리는 당신이 잘 해낼 것이라고 믿는다.

17장

경쟁

비즈니스를 개인의 경쟁으로 보면
반드시 패배한다

비즈니스에서 '이기는 것'이 가능한가? 반대로 지는 것은 가능해 보인다. 기업이 망하고, 투자한 돈을 회수하지 못하고, 직원들이 해고당하는 상황을 말한다. 사실 당신도 아주 거리가 멀다고 느끼며 집에서 사무실까지 운전해 본 경험이 있을 것이다. 솔직히 말해서 다들 지는 것이 뭔지 느껴보았을 것이다. 업계 2위 혹은 7위를 했을 때 그랬을 것이다. 최악의 경우 경쟁 업체보다 한참 뒤떨어져서 상위권에 진입조차 못한 적도 있을 테다.

공항 서점에서 비즈니스 책이나 잡지를 슬쩍 둘러보기만 해도 이런 분위기를 느낄 수 있다. 승자는 잡지 표지에 당당하게 얼굴을 드러내며 이러저러한 제목의 책, 잡지에 등장해 각종 순위에서 높은 자리를 차지한다. 올해의 아무개라는 타이틀을 얻고, 해당 업계나 직장 내에서 최고로 인정받으며, 연봉도 인상된다. 비즈니스 업계에서 일어나는 일을 정의하거나 설명하는 표현은 하나같이 치열한 경쟁을 연상시키며, 업계에서 사용되는 비유도 스포츠나 전쟁과 관련이 있다. 서구 사회는 비즈니스를 개인 간 제로섬 게임으로 여기는데, 승자는 명성과 부를 얻지만 패자는 수치심을 떠안고 익명의 존재로 몰락하고 만다.

이런 관점으로 비즈니스를 생각하고 해석하는 행태가 워낙 흔하고 사람들의 머릿속에 깊이 뿌리내리고 있어서 눈치채지 못하는 경우가 많다. 거기에 더해 대인 경쟁의 심리도 좋지 않은 결과를 낳는 듯하다. 사람은 누구나 이기고 싶어 하며 패배할 때 느끼는 고통을 매우 두려워한다. 그래서 다들 최선을 다해 좋은 결과를 얻으려는 강한 의욕을 품고 있다. 과연 그럴까?

사실은 그렇지 않다. 오히려 현실은 정반대다. 성패를 어느 개인의 이야기로 묘사하는 것은 열심히 일하는 직원들로 이루어진 복잡한 네트워크가 성공에 기여한 바를 무시하는 행동이다. 성공과 패배를 나누는 이야기가 책이나 잡지를 판매하는 데에는 효과적일지 모르나 주변 사람들과 자신의 관계를 정의하는 방식으로는 바람직하지 못하다. 그렇게 하면 부서 내에 서로 해가 되는 인간관계가 형성될 수 있고, 정말 중요한 부분에 집중하지 못하게 되며, 결코 달성할 수 없는 목표를 추구하게 된다. 그리고 결국에는 항상 내가 아닌 다른 사람이 성공을 거머쥘 것이다. 그런 게임은 끝이 없다. 비즈니스를 개인의 경쟁으로 보는 태도는 패배를 보장하는 지름길이다.

우리는 경쟁을 의도, 배경, 주변 상황과 같은 면에서 서로 매우 닮은 개념들을 비교하는 것이라고 생각한다. 다시 말하지만 우리는 경쟁을 사람 간의 경쟁이 아니라 개념 간의 경쟁으로 본다. 많은 전문가가 점잖게 고개를 끄덕이며 이런 설명에 동의하는 척하지만 속으로는 경쟁은 개인 간의 대결이자 누가 더 똑똑하고 빠르고 더 혁신적인지 측정하는 방법이라고 믿는다. 물론 그런 반응은 자연스러운 것이고 누구나 그렇게 생각할 수 있지만 정말 중요한 건 따로 있다. 경쟁을 있는 그대로 인식하고, 개인이나 기업의 실질적인 목표에 도움이 되지 않는 경쟁은 과감하게 배제해야 한다.

회사를 창립하거나 수많은 창립자 및 투자자와 함께 일해온 경험을 돌이켜보면 개념에 집중하는 것, 달리 말해서 자신의 능력을 뛰어넘는 목표라서 다른 사람의 도움을 받아야만 달성할 수 있는 것에 집중하는 편이 개인을 추켜세우는 일보다 훨씬 더 효과적이다. 그렇게 해도 스스로나 자기 부서를 승패의 주인공으로 보려는 유혹은 좀처럼 떨치지 않을 테다.

그 이유는 위험을 감수할 때 심리적 타격이 크기 때문이다. 창립자가 감수하는 위험은 실패하면 재정적 손실을 입을 거라는 막연한 위험과는 비교도 되지 않을 정도로 심각하다. 사실 회사는 그들

155

에게 분신과 같으며, 그들이 상상하고 추구하는 바를 현실로 구현하는 능력을 공개적으로 평가받는 매개체. 무언가를 새로 시작한다는 것은 그 사람의 인생 이야기와 정체성의 일부가 되며, 창업 성과를 통해 모든 사람 앞에서 평가받게 된다. 실제로 그렇지 않은 경우도 있지만 적어도 사람들의 눈에는 그렇게 비치기 쉽다. 제3자로서는 누군가가 새로운 일을 시도할 때 격려해주고, 실패하더라도 창의적인 노력이었다면서 칭찬하고, 그 사람이 또다시 더 큰 목표를 행해 노력할 거라고 쉽게 말할 수 있다. 하지만 그런 일이 정작 자신에게 닥치면 어떨까? 자신의 실패가 어떤 결과를 초래할지 생각하면 몸에 힘이 바짝 들어가고, 경쟁에서 실패하는 결과는 죽음 못지않게 심각한 일로 여겨진다.

'경쟁에서 실패할지 모른다는 두려움' 앞에서 사람들은 회피와 집착 중 하나를 선택한다. 어떤 창립자나 리더는 실패할지 모른다는 스트레스를 피하려고 편협한 사고를 하는데, 자신이 노력한 것만 생각하고 동료가 이룩한 성과는 알아보려 하지 않는다. 점수판을 보면 패닉 상태가 되어 아무것도 할 수 없어서 이를 아예 처다보지 않고, 그저 열심히 노력하면서 마지막 버저가 울릴 때 점수가 많이 쌓이기만을 바라는 선수와 같다.

정반대로 행동하는 사람도 있다. 경쟁사를 조사한다는 미명 하에 경쟁사를 스토킹하고 모든 수단과 방법을 동원하여 그들에 대한 정보를 캐내려 한다. 지금까지 오랫동안 함께 일해 본 수많은 창립자가 경쟁사의 창립자 즉, 게임의 경쟁자에게 특이한 집착을 보였다. 상대방이 얼마를 버는지, 어디에 사는지, 어떤 콘퍼런스에 강연자로 초대받는지 모조리 알아내려 했다. 일례로 창립자 또는 리더가 갑자기 제품 전환을 제안했는데, 알고 보니 경쟁사의 창립자가 최근 인터뷰에서 비슷한 내용을 언급했기 때문에 그런 제안을 내놓은 경우가 많았다. 한 마디로 경쟁에서 뒤처질까 봐 두려워서 경쟁 업체의 뒤를 쫓아다니는 데 혈안이 된 것이다.

이런 대응 방식은 둘 다 바람직하지 않은데도, 현실에서는 상당히 자주 볼 수 있다. 이제부터 생산적인 경쟁에 필요한 몇 가지 현실적인 원칙을 살펴보자.

1) 성공을 자존심의 문제가 아니라 하나의 개념으로 재정의하라

처음 시작할 때 세운 목표를 확인한다. 이를테면 온라인 양말 스토어를 출시하거나 법률 사무소를 설립하는 등 자신만의 목표가 있었을 것이다. 그리고 건전한 경쟁 분석의 대상은 자기 자신이 아니라 처음 세운 목표라는 점을 명심한다. 이 점에 동의하고 이해하는 건 쉽지만 실천은 대단히 어렵다. 누구나 그렇듯이 기업의 성공과 자기 자아를 분리하려면 계속 그 점을 의식하면서 부단히 생각을 조정해야 하기 때문이다. 기업가로서 개인의 성공도 매우 중요한 사안이다. 동업자, 투자자, 직원들과 자신의 희망이나 열망에 대해 계속 대화하되, 그와 같은 희망이나 열망을 더 큰 목표와 분리할 줄 알아야 하며, 희망·열망과 목표가 항상 완벽하게 호환되는 것이 아님을 깨달아야 한다. 이를 잘 실천하려면 투명성과 책임감을 가져야 한다.

마지막으로, 내가 성공하는 순간이 올 때 주변 사람들은 여전히 개인 간 경쟁이라는 예전의 관점으로 이를 평가할지 모른다. 누가 당신을 승자라고 치켜세우거나 다른 창립자와 비교 대상으로 삼더라도 결코 그 사람의 평가 방식에 휘말리지 말아야 한다.

2) 경기장을 평준화하라

비현실적인 경쟁을 하면서 비교 판단을 내리는 창립자와 리더가 매우 많다. 자신과 비슷하게 보이거나 비슷하다고 평가를 받는 경쟁자를 겨냥하기도 하고, 그저 지리적으로 가까이 있다는 이유만으로 경쟁 업체라고 판단하기도 한다. 자사 직원이 다른 기업으로 이직하면 분노를 터트리기도 한다.

이런 함정에 빠지지 않으려면 사적인 감정이나 열망을 앞세우지 말고 자신의 원래 목표를 명확히 인지하려 노력하고, 그런 시각을 가진 사람을 찾기 위해 노력해야 한다. 경쟁사의 상황을 살펴보고 자금 조달, 특허, 주요 파트너십과 같은 요소를 잘 살펴본다. 방법론이나 리더십을 검토하는 노력도 필요할지 모른다. 쉽게 말해 당신이 쥐고 있는 것이 사과라면 비교 대상으로 또 다른 사과를 찾아야 한다는 뜻이다.

3) 정말 중요한 것에 점수를 줘라

멋지게 새로 꾸민 사무실, 창립자의 자동차 종류, 최근 기사에 등장한 인물, 많은 사람에게 회자되는 주제나 내용을 말하는 게 아니다. 제품을 사용해 보고 철저히 테스트해 보라. 누가 투자하는지 어떤 소비자가 구매하는지 자세히 알아보는 분석도 필요하다.

고객의 경험을 이해하기 위해 고객과 직접 인터뷰할 수도 있다. 해당 분야에 관한 분석 자료를 읽고 기업이 현재 어떤 상태인지 파악한다. 혁신이라는 면에서 유리한 고지를 선점했는지, 고객 지원에서 아주 훌륭하다고 평가받는지 살펴볼 수 있다. 대대적인 광고를 통해 시장 점유율을 높였는지 아니면 광고랍시고 종이만 낭비한 것이었는지 판단해 보기 바란다.

그러나 자존심을 접어두고 경쟁의 본질을 명확하게 정립했다고 해서 충격이나 상처를 전혀 받지 않는 건 아니다. 경쟁사라고 생각했던 대상에 대한 환상이 깨지고 나면 별다르지 않은 회사인데 그저 제품이 조금 더 나은 것뿐이라는 점을 깨달을지 모른다. 이렇게 있는 그대로 받아들이면서 더 발전하는 것이 바로 건전한 경쟁이다.

경쟁에 관한 마지막 요점은 다음과 같다. 개념 간의 경쟁으로 재정립하면 조직 내에서 건전하지 못한 경쟁을 해결하는 데 큰 효과가 있다. 경쟁을 개인 간의 대결로 보는 경향이 강할수록 동료들은 비즈니스를 '서로 승패를 주고받는 게임'으로 인지할 것이다. 이런 인식은 좋은 성과를 내도록 격려하는 바람직한 방법이 아니며, 이 책의 다른 장에서 논하는 여러 가지 문제를 유발할 우려가 있다. 그러니 스포츠나 전투에 비유하는 일은 그만두고 정말 중요한 것, 다시 말해서 신뢰와 상호 존중이 가득한 분위기에서 함께 일하면서 무언가를 만들어내는 일을 중시하도록 유도하기 바란다.

18장

민첩성

규모를 키우는 대신
역동적으로 움직여라

모든 기업가의 사명은 기업을 세우고 성장시키지만 지나친 성장으로 기업의 생명에 위협을 가하는 일이 없도록 막는 일도 포함된다. 조직이 비대해지고 관료주의에 젖어드는 현상은 회사 운영에 치명적인 요소다. 하지만 이 2가지 문제는 고질적으로 계속 발생한다. 경제학자 로널드 코스는 경영이 결국 생산성을 저해한다는 이론을 1937년에 발표하여 명성을 얻었는데, 그가 말한 문제는 결코 새로운 현상이 아니다.*

설계상 이 문제에 전혀 영향을 받지 않을 것처럼 보이는 부문이

* https://python-advanced.quantecon.org/coase.html

있지만 사실은 그렇지 않다. 소프트웨어 개발 회사는 컨설팅 회사, 엔지니어링 회사, 소매업체와 마찬가지로 풍선처럼 급격히 부풀어 오른다. 회사들은 왜 이렇게 비대해지는 문제를 막지 못하는 걸까?

1983년부터 2018년까지 미국에서 인력 관리자, 감독관, 행정관의 숫자는 100% 이상 증가한 반면, 다른 모든 직업은 고작 44% 증가했다고 한다.[*] 한번 생각해 보라. 참견에 능한 이 사람들은 칡처럼 사방에 퍼져서 기업 곳곳에 나타난다. 그들은 회의 일정을 잡고, 메모를 교환하고, 스펜서 존슨의 《누가 내 치즈를 옮겼을까?》를 서로 빌려본다.

생각만 해도 등골이 서늘해진다.

기업의 불필요한 성장이 가져오는 해악에 대해서는 밤새워 이야기해도 끝나지 않을 것이다. 하지만 이미 많은 기업이 이런 상태에 빠져 있다. 일단 이 책에 관심을 보인 것으로 미루어 보아, 당신은 앞으로 이름 없는 관료주의자로 살아갈 생각은 아닐 것이다. 아니면 어쩔 수 없는 상황 때문에 관료주의적 조직에 끌려들어 갔지만 거기서 빠져나오려고 결심한 사람일지도 모른다. 어느 쪽이든 관료주의의 명백한 함정은 건너뛰고 민첩성이라는 개념에 우선 집중하기로 하자. **민첩한 운영이란 모든 구성원이 고객, 제품 또는 창립자·리더와 같은 최종 평가 지점에 직접 연결된다는 뜻이다.** 기업이

•   https://hbr.org/2018/11/the-end-of-bureaucracy

스파크

파는 상품, 판매 대상, 상품 등을 만든 관점과 개인의 연결고리가 끊어지는 순간 관료주의가 등장한다. 관료주의는 일종의 기생적 유기체라서 성공을 향해 유연하고 융통성 있게 움직이는 모든 것을 방해한다. 이런 상황을 원할 사람은 아무도 없을 것이다. 그러니 민첩성을 유지하는 구체적인 방법을 순서대로 살펴보자.

| **고객과의 직접적인 접촉** | 영업, 지원, 기타 현장 분야에 국한되긴 하지만 우리는 가능한 많은 직원이 고객에게 노출되어야 한다고 제안한다. 이는 경험에 관한 설문 조사, 사례 연구 및 개발, 멤버십 갱신이나 유지를 위한 인터뷰, 지원팀을 통한 순환 및 영업 기회 등의 형태로 나타난다. 어떤 방식으로 이루어지든 고객이 누구인지 알고 그들이 구매를 할 때 어떤 기분이나 느낌을 받는지 직접적이고 개인적으로 알고 있어야 한다.

업계에서 독보적인 선두 주자로서 2019년에 38억 달러의 매출을 기록한 칙필레는 운영자와 관리자를 직접 고객에게 노출하는 것으로 유명하며, 이 과정을 매우 중시한다. 사실 맥도날드 매장을 갖고 싶다면 언제라도 가능하다. 매장 소유주는 실제로 매장에 나타나지 않아도 아무런 문제가 되지 않는다. 하지만 칙필레는 소유주가 매장에 온전히 집중해야 하며, 치킨을 튀기고 쓰레기를 버리는 일까지 하나하나 직접 해 보는 과정을 중요하게 생각한다.

| 상품과의 직접적인 접촉 | 세계 최대 규모의 토마토 가공업체인 모닝스타 컴퍼니Morning Star Company에서는 직원들이 직함이나 계층 없이 서로 협력하고 자신의 업무를 직접 관리한다. 회사 방침에 따르면 직원은 "타인의 지시를 받지 않고 동료, 고객, 공급업체 및 업계 관계자와 의사소통하고 업무를 조정하는 자체 관리 전문가가 될 것이다."라고 한다.

그래서 직원들은 모닝스타 컴퍼니에서는 바쁘게 일하는 것이 아니라 토마토 가공에 전념한다. 모든 직원은 회사 목표에 어떻게 기여할지 명확하게 개인 사명 선언문을 작성해야 한다. 또한 자신의 업무에 영향을 받는 모든 사람과 의논하여 양해 각서를 작성하면 좋다. 그리고 모든 사람이 필요한 도구나 장비를 구매할 권한을 가져야 하고, 보상 결정은 동료와의 논의에 따른다. 이런 방식으로 하면 얼마든지 성공할 수 있다. 모닝스타 컴퍼니는 불필요하게 비대해지지 않으면서 바람직하게 성장한 사례라고 할 수 있다.

| 창립자·리더와의 직접적인 접촉 | 사실 모든 업계에서 창립자·리더와 접촉할 수 있다. 물론 더그 맥밀런이 CEO며 200만 명 이상의 직원이 일하는 월마트에서는 불가능하다. 맥밀런 사장이 모든 월마트 직원과 5분씩 대화한다고 하면 잠시도 쉬지 않고 일해도 20년 가까이 걸릴 것이다. 월마트를 비하하려는 것은 아니지만 과연 이 거대한 기업을 민첩하다고 표현할 사람이 있을지 의문이다.

우리는 스타트업과 조만간 리더가 될 사람들에게 직원 수는 천천히 신중하게 늘리라고 조언한다. 갑자기 직원이 늘면 직원 개개인이 기업의 비전과 오히려 멀어질 수 있기 때문이다. 부서나 팀이 리더의 영향력과 관점에서 멀어지지 않도록 잘 관리해야 조직이 불필요하게 비대해지는 현상을 막을 수 있다. 3가지 원칙 중에서 이 원칙이 가장 실천하기 쉬울 것이다.

엔지니어링 용어를 빌리자면 '유연성'은 형태보다 기능을 우선시하는 개념이다. 톰 브래디는 역대 최고라고 인정받는 풋볼 선수인데, 바로 유연성이라는 말을 스포츠계의 주요 용어로 자리 잡게 만든 주인공이다. 브래디는 시즌의 힘든 훈련에 대비해서 몸을 만드는 데 전력하는 것으로 유명하다. 브래디와 그의 훈련팀은 유연성, 기능성, 탄력을 극대화하는 운동 프로그램을 개발했다. 그는 언더아머와 공동 개발한 '바이오세라믹 파자마'라는 첨단소재 잠옷에도 이 프로그램의 특성을 반영했다. 형태보다 기능에 온전히 몰두하는 태도를 보여주는 좋은 예시라고 할 수 있다.

할리우드에서 영화 캐스팅 에이전시를 통해 풋볼 선수 역할을 맡을 배우를 찾는다고 생각해 보자. 에이전시는 아마 아주 폭력적이고 신체 접촉이 많은 스포츠에 어울리는 사람 즉, 덩치가 크고 근육질이며 남성성이 뚜렷한 배우를 찾으려 할 것이다. 한마디로 풋볼에 필요한 기능보다는 겉모습을 우선시하게 된다.

사람은 누구나 자신에게 무엇이 필요한지 알아보기보다는 다른 사람이 무엇을 가지고 있는지를 빠르게 알아차린다. 이 책에서 여러 번 언급했듯이 창립자와 리더가 하는 일에는 수많은 이유가 있으며, 보상은 그들이 일하는 이유 중에서 순위가 매우 낮은 편이다. 대부분 누군가가 틀렸다는 것을 증명하고, 자존심을 지키고, 통제권을 장악하거나 사회적 지위를 얻으려고 어떤 일을 하는 경우가 많다. 하지만 이런 동기를 지니면 조직이 불필요하게 커질 위험도 커진다. 이런 기업은 업무에 도움이 되는 듯 보이지만 실제로는 관료주의적 분위기만 강화하는 인재를 찾거나 그런 방식으로 사람을 고용할 가능성이 크다.

결과가 남들에게 어떻게 보일지 걱정하거나 남들이 무엇을 하는지 기웃거리는 등 불필요한 것에 주의를 분산시키지 말고, 자기가 바라는 결과에만 편집증이 있다고 할 정도로 집중한다면 민첩성을 유지하는 일이 그리 어렵지 않을 것이다. 브래디의 경우, 그의 머리를 날려버릴 기회를 엿보는 130킬로그램이 넘는 풋볼 선수를 피하려면 민첩성이 큰 도움이 된다.

기업이 불필요하게 비대해질 때 나타나는 결과는 지금 당장 문제를 일으키거나 당신에게 개인적으로 고통을 안겨주지 않을지도 모른다. 그래도 이 점을 반드시 기억하기 바란다. 기생적인 관료주의는 당신이 무슨 일을 하든 에너지를 다 빼앗아버릴 것이다. 그러

니 기업을 불필요하게 살찌우지 말고 계속 역동적으로 움직이기
바란다.

19장

최적화

실수를 찾아내려고
노력하라

이웃에 있는 아파트나 가정을 들여다보면 지속적인 개선과 발전을 위한 놀라운 혁신을 발견하게 된다. 그것은 바로 피드백의 루프다. 물리적으로 가까운 거리에 있으며 친밀한 관계를 맺으면 매일 조금 더 나아질 수 있는 여지를 발견하게 된다. 결혼한 사람에게는 이 현상이 더욱 두드러진다. 두 사람이 영원히 함께할 것이라고 여기기 때문에 아주 사소한 것 하나도 놓치지 않고 더 나아질 가능성이 있는 대상으로 여긴다.

이런 발상이 다소 우습게 들릴지 모르지만 당신의 인간관계 중에도 아마 건전한 수준의 피드백이 오가는 관계가 있을 것이다. 그런가 하면 어떤 인간관계는 너무 힘들어서 한숨이 절로 나온다. 끊임없이 지적당하고 간섭받다 보면 죽고 싶을지도 모른다. 어느 쪽이든 집 안에서 이루어지는 피드백 루프의 핵심은 명확하다. 피드백 루프에 한번 빠지면 빠져나올 구멍이 없이 루프가 계속 이어진다는 점이다. 식기세척기 안을 비우겠다고 말해 봐도 상황은 달라지지 않는다. 6개월 후에도 4.5킬로그램이 여전히 배 둘레에 남아 있다면 지금 4.5킬로그램을 감량하겠다고 선언해도 아무 소용이 없다.

결혼은 여러 면에서 영구적인 포커스 그룹focus group(어떤 주제나 조직의 제품·서비스를 사용하는 사람들로 구성되어 참여자 간 상호 작용을 적극적으로 활용하는 인터뷰 방법−옮긴이)이다. 인간이라는 제품으로서 당신의 유용성을 최종적으로 시험하는 장치라고도 할 수 있다. 그래서 결혼은 참기 힘들 정도로 거슬리고 짜증이 날 수 있다. 자녀가 있거나 대가족으로 살고 있거나 기타 인간관계가 더 얽힌 결혼이라면 다중 데모 피드백이 초래하는 어려움도 있다. 골프 여행이나 스파 휴양처럼 배우자와 잠시 떨어져 휴식을 즐기면 피드백이 확연히 줄어들기 때문에 긴장이 확 풀리는 현상을 느낄 수 있다. 당신을 완벽하게 만들어주려고 항상 애쓰는 사람과 떨어져 있어야 비로소 당신은 있는 그대로의 모습으로 존재할 수 있다. 그게 아주 짧은 시간이라도 말이다.

부부나 가족 간에 벌어지는 여러 가지 상황에서는 웃음 포인트가 자주 발견된다. 하지만 업무 실적 및 상품과 서비스의 실적을 개선하는 데 적용할 만한 흥미로운 교훈도 몇 가지 있다.

첫째, 우리는 알게 모르게 자기가 실제보다 더 나은 사람이라고 생각한다. 아무래도 늘 같이 생활하는 사람이 주는 피드백이 우리를 그렇게 다듬어주는 듯하다. 우리가 가진 나쁜 습관과 약점을 그냥 방치했다면 아마 엄청난 문제가 발생했을 것이다.

둘째, 우리는 어떤 과정을 꾸준히 지속하는 것 자체에서 책임이 생긴다는 점을 잘 알고 있다. 음식 찌꺼기가 잔뜩 묻은 접시를 밤새 싱크대에 그냥 내버려두면 안 된다는 것도 알고 있다. 설거지를 언제까지나 방치해서는 안 되고, 당장 식기세척기에 접시를 넣어야 마음이 편해진다. 이처럼 생존하려면 적응이 필요하다.

건전하고 협력적인 인간관계에서 이런 역학을 최적화 과정이라고 할 수 있다. 최적화를 달성하려면 자기 방식을 고집할 게 아니라 어떤 일을 올바르게 또는 제대로 하는 데 더 집중해야 한다. 둘을 구분하려면 어느 정도 긴장감이 생길 수 있지만 그런 과정이 바로 다양한 인간관계를 이루고 유지하는 방법이다. 이런 관점에서 보자면 제품이나 조직의 최적화도 사실 크게 다르지 않다.

리더나 조직이 기꺼이 실수를 인정하고, 더 나아가 실수를 찾아내려고 노력할 때 최적화를 달성할 수 있다. 건전한 발전과 변화를 원하기 때문에 자신의 무지를 기꺼이 인정하고 직면하는 자세가 필요하다.

마지막으로 가장 중요한 것은 개선할 점을 항상 찾아야 한다는 점이다. 팀과 리더가 미리 알고 방어하라는 의미가 아니라, 개선점을 알아내기 위해 노력하는 입장에서 시작하면 폭넓고 빠르고 효과적인 최적화의 반복이 이루어진다. 그렇다면 왜 수많은 기업이 최적화에 어려움을 겪는가? 그들은 모두 발전하고 성공하려는 마음을 가져야 하지 않은가?

최적화에 어려움을 겪는 첫 번째 이유는 대다수 기업이 의뢰인이나 고객에게 마음을 다해 헌신하지 않기 때문이다. 기업의 공식 입장이 무엇이든 사실 그들이 가장 주력하는 일은 의뢰인이나 고객에게 청구서를 보내는 일이다. 이렇게 청구서 발행에 급급한 기업의 숨겨진 심리는 불평이나 항의가 없으면 성공한 것이다.

고객이 거래를 그만두겠다고 으름장을 놓을 때만 노력하는 태도를 보이는 건 바람직하지 않다. 이런 태도는 상대방에게 그저 반응하는 변화에 불과하며 실질적인 최적화와 정반대의 개념이다. 이런 사고방식을 지니면 자기를 정당화하고 합리화하는 데 급급해지며 자기 방어나 관성만 키우게 된다. 불필요하게 덩치만 키운 대기업 문화에서 이런 사람을 많이 보았을 것이다. 말이 조금 심하다는 느낌이 들지 몰라도, 지금까지 근무했던 여러 회사와 그곳에서 만난 고객과 동업자를 생각해 보면 충분히 이해할 수 있을 테다. 아마 이런 사람을 직접 대면했거나 그런 사고방식이 기업 문화에 팽배했다고 느낀 적이 있을 것이다.

두 번째 이유는 기업이 최적화를 필요에 따라 켜거나 끌 수 있는 일종의 버튼과 같은 기능이라고 간주하기 때문이다. 제품을 선적하기도 전에 발생하는 일관성 없는 질의응답이나 가끔 실시하는 고객 설문 조사, 6개월 만에 '고객의 소리'에 귀를 기울였으나 그 결과가 관리자의 노트북 속 파워포인트에 담긴 채 아무런 변화를 가져오지 않는 현상을 떠올려 볼 수 있다.

앞서 언급한 것처럼 고객의 항의나 불평이 있을 때만 반응하는 것보다는 낫지만 이런 방식도 여전히 혼란을 일으키고 별로 도움이 되지 않는 결과만 불러온다. 창립자나 역동적인 리더의 영향으로 진심을 담아 헌신적으로 고객을 대하지만 아직 최적화를 기업 문화나 정신으로 받아들이지 않은 기업에서 이런 현상이 자주 나타난다.

지금부터 최적화를 살펴볼 것인데, 이 책에서 소개한 다른 개념 몇 가지와 접목하지 않으면 최적화를 달성하는 일은 사실상 불가능하다. 여기에서 자세히 반복해 말하지는 않겠지만 리더십이 부족하고 권한을 부여하지 않으며 목적의식이 없는 부서나 팀은 최적화 과정에서 비참할 정도로 부진한 성과를 거둘 것이다. 리더나 조직이 개인이나 조직의 성과에서 핵심적인 기본 개념마저도 제대로 이행하지 못하고 헤맨다면 새로운 지식을 얻으려 하거나 개선점을 드러내는 상황 자체가 심각한 위협으로 느껴질 것이다.

최적화를 다시 생각해 보자. 이미 만들어졌거나 진행 중인 일을 개선하는 것이 기본 개념이다. 혁신과는 또 다른 개념이다. 최적화는 이미 수행된 작업을 재검토하여 더 나은 상태로 만든다. 소프트웨어 개발이나 대량 생산은 물론이고 전문 서비스에도 최적화라는 개념을 적용할 수 있다. 이번 장을 읽으면서 본인에게는 해당 사항이 없다는 생각에 다소 집중력이 떨어진 상태라면 생각을 바꾸어야 한다. 최적화는 당신에게도 분명히 적용되는 개념이고, 다른 어떤 독자보다도 최적화를 실천하여 많은 이점을 얻을 수 있기 때문이다.

최적화를 달성하는 몇 가지 핵심 비결은 다음과 같다.

1) 데이터 세트를 확장하라

일반적으로 팀은 실제 결과와 관련된 분야의 데이터만 연구하므로 연구 범위가 비교적 넓지 않은 편이다. 물론 이 정도의 연구도 최적화 연구의 기반으로 사용되므로 훌륭하다. 하지만 결과를 되돌아보면서 결과를 생성하는 과정에서 시간을 정하거나 테스트할 만한 다른 요소가 있었는지 확인하면 더욱 좋다. 전환이나 로딩 시간, 배송 속도 외에도 혁신의 속도, 인력 조합, 비즈니스 활동과 업무 장소에 배치된 자원, 보상, 제품이 제공되는 지역의 문화적 특성 간의 관계를 추적해 볼 수 있다. 최적화 대상을 끊임없이 찾아내며, 필요한 질문을 다 검토했다고 만족하거나 안주하지 않는 것이 최적화의 첫 번째 규칙이다.

2) 분석을 자동화하라

인공 지능과 머신러닝 덕분에 최적화의 속도나 가능성이 예전에 비해 크게 달라졌다. 이제는 어떤 기업이나 최적화를 시도할 수 있게 되었다. 가상 세계에서 행해지는 인간관계나 거래를 검토할 수 있는 손쉬운 도구를 갖춘 분야와 무관한 기업이라면 자신의 기업에 맞추어 형식을 만들고 수량화 작업이 가능한 소프트웨어를 찾아보기 바란다. 세일즈포스Salesforce와 같은 몇몇 솔루션을 사용하면 상호 작용을 명확하게 만들 수 있고, 사람이 처리하던 업무의 일부를 기술로 대체할 수 있다.

3) 최적화를 가장 우선시하라

혁신이나 기본 업무 수행에 최적화가 뒤로 밀리는 일이 없게 한다. 좋은 의도를 가진 리더라도 신제품이나 신기능에 대해 비현실적인 기대를 품으면 최적화에 방해가 된다. 그런가 하면 어떤 리더는 직원들이 과거 성과를 철저히 검토하여 변화를 구현할 것을 기대하는데, 때로는 이것이 직원에게 큰 부담이 된다. 최적화가 기업 문화의 중심에 자리 잡지 않으면 더 쉽게 인정과 보상을 받는 것처럼 보이는 행동이 최적화를 억누르거나 밀어내버린다.

끝으로, 기업 안팎에서 경험이나 의견 같은 피드백을 받을 때 귀를 기울여야 한다. 부서 직원이나 고객에게 업무 절차나 상품에 대해 더 개선할 만한 점이 있는지 물어보기만 해도 아주 중요한 정보를 얻을 것이다. 집에서 싱크대에 설거지를 방치하지 않는 것도 가족이 직접적으로 피드백을 주었기 때문이다. 당신이 부서와 고객에게 오롯이 집중한다면 그들이 주는 피드백을 통해 유의미한 변화를 꾀할 수 있다. 물론 그런 피드백이 때로는 귀에 거슬리는 때도 있을 테지만 말이다.

20장

연결성

**기업과 고객이 소통하며
긴밀히 연결된 문화**

1985년 무렵에 코카콜라 경영진은 불안에 휩싸였다. 75년 넘게 경쟁해온 펩시가 코카콜라의 시장 점유율을 꾸준히 뺏어가고 있었다. 상표를 숨기고 시음하면 다들 펩시를 선호했다. 사내에서 실시한 블라인드 테스트에서도 펩시가 더 맛있다는 응답이 나왔다. 그러자 회장 겸 CEO인 로베르토 고이주에타Roberto Goizueta는 아무도 감히 상상할 수 없는 일을 하기로 했다. 그는 단맛을 강화한 '뉴 코크New Coke'를 선보였다.

100일도 지나지 않아서 수천 통이 넘는 항의 전화가 빗발쳤다. 주가는 폭락했으며 펩시가 매출 1위를 차지했다. 고이주에타 회장과 경영진은 자신들의 실수를 솔직하게 인정했다. 그들은 원래의 맛이 나는 코카콜라 제품을 시중에 공급했다. 그러자 주문량이 예전 수준을 회복했다.

이 사건은 경영진의 오만이 낳은 사고로 기억된다. 하지만 우리는 뉴 코크 사태에서 또 다른 교훈을 얻을 수 있다. 코카콜라가 고객과 명확한 의사소통을 이어가고 있었다는 점이다. 무엇이 문제인지 파악했고 적극적으로 대응했다. 뉴 코크에 대해 다들 할 말이 많겠지만 아무도 코카콜라가 비겁하게 처신했다고 비난할 수는 없을 것이다. 세계적인 인지도를 자랑하는 브랜드가 기존의 레시피를 버리는 건 상당히 과감한 처사다. 고이주에타 회장과 경영진에게 부족했던 것은 바로 연결성인데, 연결성은 실재하는 문제와 그 이면의 논리를 정확히 알아내는 고객과의 양방향 커뮤니케이션 모형을 말한다.

뉴 코크 때문에 거센 항의 전화와 편지가 쏟아지자 코카콜라 경영진은 그들의 핵심 고객과 브랜드의 연결성이 그들의 예상보다 훨씬 더 강하고 뿌리깊다는 점을 뒤늦게 깨달았다. 고객들은 새로운 맛에 거부감을 느낀 것이 아니라 문화적으로 배신당한 일에 화가 난 것이었다. 그들에게 코카콜라는 무언가 특별한 것을 상징했다. 독창성인지 향수인지 애국심인지 정확히는 알 수 없다. 아무튼 그 상징성을 함부로 대하거나 저버리는 일은 고객 개개인의 가치관을 무시하는 처사였다. 그냥 더 달콤한 맛을 원한다면 펩시를 선택하면 해결될 일이었기 때문이다.

코카콜라는 처음에 맛이 문제라고 생각했다. 맛이 아니라 포지셔닝의 문제라는 점을 미처 생각지 못한 것이다. 펩시는 젊은 세대를 겨냥한 음료라는 이미지를 앞세워 젊은 층을 중심으로 고객을 끌어들였다. 그러자 코카콜라는 펩시의 맛을 흉내 내는 방식으로 대응했다. 하지만 코카콜라가 원래의 음료 맛을 되살려서 클래식 코카콜라를 선보이자, 코카콜라만 마시던 고객들이 돌아왔고 결국 코카콜라의 시장 점유율도 회복되었다. 코카콜라 경영진은 의도치 않게 저지른 실수를 이렇게 만회할 수 있었다.

코카콜라는 핵심을 놓쳤고 엉뚱한 것을 문제라고 인식했다. 문제가 있었던 상황은 맞지만 고객과의 진정한 연결성이 부족했기에 맛을 재평가하면 해결책을 찾을 수 있다고 생각했다. 이 일화는 이전 시대의 청량음료 전쟁에 관한 자료이며 무려 35년 전의 이야기다. 하지만 거기에 담긴 교훈은 지금의 창립자와 리더에게 여전히 유효하다. 연결성이 없으면 정답을 맞추는 게임을 해도 틀릴 가능성이 크다. 그리고 우리에게는 코카콜라처럼 우리를 다시 도와줄 레시피가 없다.

연결성은 기업과 고객이 소통을 적극적이고 지속적인 방식으로 이어가는 문화며, 리더는 이를 통해 실시간으로 상품과 서비스 경험이 어떠한지 파악할 수 있다. 초기 단계에서 창립자는 연결된 상태를 아주 잘 유지하거나 연결성에 큰 노력을 기울이는 경향을 보인다. 그들은 상품이나 프로세스 개발에 열중하며 자금 조달 및 대상 검증과 같은 필수적 요건을 간과하지 않는다. 그러다가 창립자가 의도한 바가 실행되고 기업이 커지면 점차 자기 생각, 급여, 직위, 습관에 집착하게 되므로 연결성을 중시하는 태도가 약해진다.

연결성을 유지한다는 것은 틀릴 가능성과 변화가 필요할지 모른다는 가능성이 항상 존재한다는 뜻이다. 우리 대다수는 본질적으로 이런 입장에 대해 편견이 있다. 그래서 성장하는 팀은 물론이고, 개개인도 이 가능성을 인정하려고 부단히 노력해야 한다.

1980년대 이후로 고객 연구가 대대적으로 이루어졌지만 어느덧 이제는 자금이 넉넉한 스타트업 또는 대기업에서나 고객과의 연결성을 중시한다고 여겨진다. 연결성 유지를 그저 돈이 많이 드는 사치스러운 과정으로 여기거나 창립자와 고객 서비스 업무를 맡은 직원이 그때그때 알아서 처리하면 되는 업무 정도라고 여길 것이다. 하지만 고객과의 연결이 끊어지는 일은 기업이 수명 주기에서 어느 단계에 와 있느냐와 관계없이 매우 위험한 상황이다. 연결성의 핵심 요소는 다음과 같다.

1) 전반적인 흐름이나 문맥을 연구하라

잠재적인 고객이나 현재 고객에게 무엇이 불편한지 물어보는 건 비교적 쉬운 일이다. 하지만 그렇게 질문하면 고객은 매우 협소한 범위 내에서 대답할 것이다. 수많은 가정과 전제를 물어야만 고객의 반응에서 유의미한 점을 찾아낼 수 있다. 코카콜라의 실패담을 다시 생각해 보자. 그들은 레시피를 바꿔야 한다는 가설을 입증하기 위해 10만 명 이상의 사람을 대상으로 블라인드 테스트를 실시했다. 음료의 맛에 대한 질문만을 만들고, 맛의 관점에서 무엇이 문제인지 물어보았기 때문에 블라인드 테스트의 결과가 엉뚱한 방향을 가리킨 것이다.

제품이나 서비스가 해결하려는 대상이 무엇이든 충분한 시간을 투자하여 타깃 고객이 활동하는 배경과 의사 결정 방식을 먼저 조사해야 한다. 문제에서 시작하되, 타깃 고객의 활동과 생각의 기본 전제를 알아내는 방향으로 움직여야 한다. 그러면 원래 생각했던 지점과 전혀 다른 곳에서 문제가 시작되었음을 깨달을지 모른다. 문제의 근본 원인을 정확히 알면 가장 좋은 대응 방안을 찾을 수 있다.

2) 계속 질문하라

훌륭한 기업은 꾸준히 소비자의 의견을 조사하며 이 조사 과정에서 스마트 기술을 도입한다. 고객이 제품이나 서비스를 구매한 것으로 끝나지 않고 구매 대상에 대한 적극적인 대화가 계속 이어지고 있음을 인지하면, 더 많은 정보를 기업에 제공하려고 할 것이다. 설문 조사, 포커스 그룹, 직접적인 연락과 같은 방법도 있지만 똑똑한 기업은 고객이 요청받지 않아도 자기 생각을 알려주는 입력 시스템을 가동한다.

이렇게 하려면 무엇보다도 기업이나 조직의 최고위층이 고객과의 연결에 관심을 갖고 전폭적으로 지지해주어야 한다. 즉, 초창기부터 고객 경험 전문가를 고용해서 업무에 차질이 없도록 예산을 넉넉히 배정해주고 궁극적으로 관련 팀을 구성하도록 지원해주어야 한다.

3) 통념이나 관습을 과감히 벗어던져라

이미 다른 장에서 무언가를 만들고 거기에 다른 사람을 참여시키는 일을 할 때 어떤 심리가 작용하는지 자세히 살펴보았다. 회사를 세우는 일은 결코 간단한 일이 아니다. 솔직히 말해서 굳이 회사를 세우지 않아도 쉽게 돈을 버는 방법은 얼마든지 있다. 오로지 돈을 벌 생각으로 창업하는 사람은 거의 없다. 그들 주변에는 회사를 세우고 거기에 생명력을 불어넣는 일 자체에서 보람을 얻는 사람들이 모여들기 마련이다. 창립 과정에서 느끼는 자부심과 열정 때문에 때로는 처음 품었던 가정이나 아이디어에 지나친 애착을 갖기도 한다.

그리고 사람은 누구나 자신이 옳다는 것을 증명하려는 욕구가 있다. 그래서 실수를 하거나 패배할 것이 분명한데도 이를 인정하고 기꺼이 변화하는 대신 기존의 방식이나 방향을 고집하는 경우가 많다. 변화는 자신이 틀렸음을 인정하는 것이라고 생각하는 창립자가 상당히 많다. 그래서 이들은 변화를 대할 때 상당한 스트레스를 느낀다. 이런 사태를 막으려면 회사의 성과가 아닌 다른 이유로 투자한 제품, 프로세스, 인재를 적극적으로 찾아야 한다. 반드시 찾을 수 있으니 포기하지 말고 믿어보기 바란다. 당신의 비전을 실현하려면 분명히 변화가 필요할 것이다. 개인적인 애착은 과감히 접어두고 필요한 변화를 인정하고 시도하기 바란다.

우리가 보기에 뉴 코크 이야기는 그저 재미있는 실패담이 아니다. 이 일화는 영광스러운 실수며 회사를 잘못된 방향으로 이끌어간 아주 대담한 시도였다. 그 일을 계기로 고이주에타 회장과 경영진은 코카콜라가 특별한 가치를 얻은 이유를 더욱 자세히 알게 되었고, 올바른 방향을 설정한 덕분에 향후 수십 년간 코카콜라가 더 크게 성장하고 지속해서 수익을 올릴 수 있었다. 그들은 실수를 저지를지언정 과감하게 행동했다. 그런 행동은 슬럼프에서 벗어날 출구를 찾는 데 도움이 되었다. 코카콜라는 분명 문제를 안고 있었다. 꼭 해결해야 하는 문제였고, 결국에는 문제를 잘 해결해냈다.

그러나 주변을 둘러보면 창업 초기에 품은 생각에 너무 집착한 나머지 오랫동안 잘못된 방향으로 가면서 고군분투하는 창립자가 상당히 많다. 코카콜라 이야기는 잘못된 연결 과정에서 저지른 실패담이다. 코카콜라의 태도를 본받는다면 그들처럼 심각한 실수를 저지르는 일은 없을 것이다. 물론 언제라도 실수를 저지를 수는 있다. 하지만 실수가 발생했을 때 용기를 내어 고객이나 의뢰인을 직접 대면해서 일의 진상을 제대로 파악해야 한다.

진정한 리더는 고객과의 진심 어린 연결을 통해 성공을 추구한다. 코카콜라는 뉴 코크를 내놓았다가 다시 이전 제품으로 돌아가는 실수를 저지르면서도 그 점을 잊지 않았다. 혹시 뉴 코크를 모르는 젊은 독자를 위해 덧붙이자면 맛이 정말 최악이었다.

21장

투명성

고객이 당신의 일을
정확히 이해하게 만들라

미국 역사상 가장 성공적인 항공사 중 하나인 사우스웨스트항공Southwest Airlines이 가진 특허는 20개에 가깝다. 그중 몇몇은 개인용 전자 장비의 온보드 파워스테이션과 관련이 있다. 경로 예약 소프트웨어에 사용되고, 항공기 재고 보충용 프로비저닝 카트를 설계하는 데도 사용된다. 어느 경쟁 업체도 이만큼 확실한 이점을 갖추지 못했다.

사우스웨스트항공은 항공기를 보잉으로부터 거의 독점 구매한다. 미 공군에서는 이 항공사의 조종사를 수도 없이 훈련시켜주었다. 수십억 달러 규모의 운송 부문 선두 주자이자 지금까지 발명된 가장 복잡한 기계를 운영하는 회사로서, 독점적인 비밀이라고 할 만한 것은 그리 많지 않다. 공동 창립자 중 한 사람인 허브 켈러허 Herb Kelleher는 매우 전설적인 인물인데, 그가 처음으로 구상했던 명확하고 구체적인 정의를 가진 업무 방식이 독보적이다. 그들이 보잉에서 항공기를 독점 구매하고 미 공군 조종사의 협조를 받으며 큰 성공을 거둔 비결은 혁신이 아니라 프로세스와 실행이었다.

이런 업무 태도는 특허를 청구할 대상은 아니지만 전 세계 거의 모든 기업에 적용될 수 있다. 보호 가능한 혁신을 통해 경쟁 우위를 확보하는 일은 지금보다 더 효과적인 쥐덫을 발명하는 것만큼이나 상당히 드문 일이다. 요즘 경제의 주요 특징은 오픈 소스, 디지털화, 해킹당할 위험이 있는 지적 재산이므로 시간이 지날수록 보호 가능한 혁신을 통한 성공은 꿈꾸기 어렵다. 그렇기는 해도 비밀에 싸인 신화는 여전히 존재한다.

신화의 내용은 대략 이런 식이다. 발명에 성공하면 남들보다 한 걸음 앞서가게 된다. 그리고 법의 힘을 빌려서 다른 사람이 우리가 하는 일을 넘보지 못하게 해서 유리한 입지를 계속 유지한다. 창립자와 투자자가 실력을 더 발휘해야 한다는 부담이 없으므로 굉장히 매력적으로 들릴지 모르나 사실 이것은 환상에 불과하다. 기계적 이점 또는 기술적 이점을 득하면, 특히 대중이 그 기계나 기술 없이는 살 수 없는 상황을 조성하면, 그 회사는 경쟁 구도에 뛰어들지 않고도 경쟁사를 물리치고 확실한 우위를 차지한 상태로 회사를 운영할 수 있다. 따라서 리더와 기업은 새로운 것을 만들되,

그 과정은 비밀에 부치면서 아무도 따라올 수 없을 정도로 월등하게 앞서 나가기를 꿈꾼다. 하지만 현실에서는 그런 일이 거의 일어나지 않는다.

우리 둘은 기밀 유지 협약에 수도 없이 서명해서 일일이 다 기억하지도 못한다. 비밀에 대한 환상은 특히 수익을 창출하기 전 단계의 창립자에게 아주 매력적으로 느껴질 것이다. 보호 가능한 혁신이라는 이점이 있으면 투자자나 협업자의 마음을 얻기 쉽다고 생각하여 그런 아이디어를 매우 소중히 여긴다.

그러나 기밀 유지 협약에 감춰진 진실은 실망을 불러올 때가 많다. 거의 모든 프레젠테이션 자료와 사업 계획에는 다른 사람들이 이미 시도했거나 다른 사람이 만든 기술에 의존하거나 완전히 비현실적인 혁신 가능성을 논하는 요소가 포함되어 있는데, 이런 것은 방어하기가 쉽지 않다. 창립자들을 비난하려는 의도는 절대 아니다. 그들의 아이디어 중 몇몇은 실제로 아주 좋았으며, 우리가 만나본 여러 기업가는 고객에게 서비스를 제공하기 위해 진심으로 노력하고 있다. 다만 그들은 비즈니스의 많은 부분에 만연해 있는 비밀 문화에 너무 사로잡혀 있다.

우리가 가장 중요하게 여기는 것은 기밀 유지 협약이 메일함에 들어오기 전에 당신이 보는 것이다. 우리보다 훨씬 똑똑한 벤처 자본가도 아마 같은 생각일 것이다. 구체적으로 말하자면 창립자의 행동이나 태도가 어떤지, 그리고 업무 접근 방식에 대해 무엇을 공유하는지를 뜻한다. 그들이 무엇을 하느냐보다 어떻게 하느냐가 더 중요하다.

여기에서 투명성이라는 개념이 등장한다. 아마 많은 사람이 투명성이라는 말을 들으면 주방에서 사용하는 랩을 떠올리거나 부정행위를 방지하는 공개된 절차를 떠올릴 것이다. 예를 들어, 선출직 공무원은 자신의 업무를 '투명'하게 처리해야만 우리가 낸 세금을 그 사람이 남용하지 않을 것이라고 믿을 수 있다. 투명성은 신뢰 형성이라는 이점을 불러오지만 이번 장에서는 투명성이 조금 다른 의미로 쓰일 것이다.

투명성이란 자신이 하는 일을 고객이 정확히 이해하게 해서 고객을 위한 기회를 극대화하는 운영 방식이다. 이렇게 회사를 운영하면 경쟁 업체도 당신이 무엇을 하는지 볼 수 있고, 어쩌면 당신을 이기려고 도전장을 내밀 수도 있다.

고객이 당신이 하는 일을 제대로 이해하면 더 큰 규모나 더 나은 방식으로 파트너십을 맺거나 공동 창작을 진행할 가능성이 열린다. 물론 모든 고객이나 파트너가 관심을 보이지는 않을 것이다. 어떤 사람은 당신이 제공하는 것을 무심하게 대할지 모른다. 하지만 다른 누군가는 당신이 하는 일의 원동력을 심도 있게 알아보기를 원할 것이다. 그런 사람은 당신이 나서서 잘 가르쳐주어야 한다.

더 좋은 방법도 있다. 당신이 일하는 모습을 관찰하게 해주는 것이다. 제품의 재료가 생산되는 재활용 시설을 보여주면 고객들은 당신의 공급망이 어떻게 이어지는지 이해할 테다. 포털 사이트를 통해 실시간으로 디지털 마케팅 결과를 관찰하게 할 수도 있다. 또한 고객을 초대해서 광고에 관한 회의에서 쏟아져나오는 온갖 아이디어를 다 들어보게 해줄 수 있다. 물론 좋은 아이디어도 있지만 이상하거나 아주 형편없는 아이디어도 있을 것이다. 그런 제안을 하면 상대방은 매우 놀라면서도 관심을 보이고 몇몇은 곧바로 제안을 받아들일 것이다. 이렇게 좋은 관계를 맺고 당신이 일에 몰두하는 모습을 쭉 지켜보면 고객과의 관계는 더욱 친밀하고 돈독해진다.

이제 경쟁이라는 부분을 좀 살펴보자. 사우스웨스트항공은 우수한 고객 서비스로 잘 알려져 있다. 사우스웨스트항공의 서비스를 이용해 본 사람은 누구나 후기를 작성할 수 있다. 게이트 안내 문구, 기내 인사말, 비행 중 업데이트 사항 안내, 비행기에서 내리는 절차 등은 어느 항공사나 같으므로 어떤 항공사에나 후기를 작성해 보낼 수 있다. 하지만 사우스웨스트항공의 진짜 성공 비결은 조금 다르다. 직원이 모두 행복하고 열정적이라는 것이 사우스웨스트항공의 성공 비결이다. 행복한 사람들로 부서를 구성하고 운영하는 것은 다른 기업이 쉽게 모방할 수 없는 혁신이다.

이 시점에서 투명성이 까다롭게 변한다. 자신이 이끄는 팀과 함께 개방적이고 의사소통이 원활한 관계를 유지하는 데 집중하다 보면 힘들다는 느낌이 들고 절차에 부주의해지거나 성급하게 제품을 생산하는 등의 약점이 드러날 수 있다. 리더십을 제대로 발휘하지 못하거나 임금이 체불되거나 사기가 떨어지는 등 고객에게 절대 보여주고 싶지 않은 문제가 동시다발적으로 나타날 우려도 있다. 이렇게 되면 다른 문제에서 관심을 돌리기 위해 기밀로 남겨둔 기술적인 우위나 그에 준하는 무언가가 간절히 필요해진다.

허브 켈러허는 원래 고객 서비스 업체를 설립했는데 어쩌다 보니 회사가 항공사로 발전한 것이다. 그래서 이 기업의 성패는 항공기술에 크게 좌우되지 않았다. 자신이 지금 하는 일 또는 앞으로 설립하거나 입사하려는 기업을 생각해 보라. 그리고 한 단계 더 높여서 이렇게 자문할 수 있다. '우리는 실제로 무엇을 하고 있는가?'라고 말이다.

고객이나 기업을 위해 해결해야 할 문제를 생각해 보라. 그리고 어떤 기술을 사용하느냐에 관계없이 문제 해결이라는 목표에 전념하라. 더 높은 목표를 중심으로 기업 문화의 틀을 잡으면 본인은 물론이고 본인이 이끄는 팀의 투명성을 더 높은 수준으로 끌어올릴 수 있다.

마지막으로 자신의 비즈니스에서 다소 사적이거나 독점적이라고 할 만한 모든 면을 고려해 본다. 보상이나 개인 정보를 제외하고 나면 실제로 보호해야 할 지적 재산에 해당하는가? 특허를 신청해도 될 정도인가? 이미 특허를 신청했다면 다른 사람이 관심을 두거나 신경 쓰는 수준인가? 대체로 우리가 고객에게 숨기는 비즈니스의 일부 측면은 결함이나 문제가 있거나 만족스러운 결과가 나오지 않는 부분이다. 어쩌면 그런 부분은 계속 숨기는 것보다 아예 없애버리는 편이 나을지 모른다.

특허 대상이 아니라고 해서 중요한 이점이 아니라고 말할 수 없다. 진정한 혁신 즉, 행복한 직원이 우수한 제품이나 서비스를 만들어내게 하는 데 집중한다면 시간도 많이 절약하고 법적 절차에 드는 비용도 아낄 수 있다.

22장

멘토십

업무를 처리하는
사람들을 위해 일하는 것

어떤 비즈니스 심리 전문가는 '고위 리더'란 다른 직원을 책임지는 중간 관리자를 책임지는 상사라고 정의한다. 조직 내에서 세 단계를 내려가면 다른 사람을 관리하는 일이 아닌 일반 업무를 담당하는 사람이 나온다. 전문적인 평가와 인적 자원 컨설팅에서는 이런 방식의 구분이 유용하겠지만 그 밖의 상황에서는 거의 사용되지 않는 방식이다.

스타트업에 이런 정의를 사용하려면 창립자의 한계가 드러난다. 권한이나 책임을 위임할 수 없거나 그렇게 할 의사가 없어서 그들은 리더라는 역할에 갇혀 업무를 처리하는 사람들을 직접 감독하고, 그들의 업무 일부를 직접 떠맡기도 한다. 그러면 기업은 결코 성장할 수 없고, 잠재력도 온전히 발휘되지 않는다. 대기업의 경우에는 반대 방향의 경고등이 뜬다. 고위 관리자가 너무 많다는 의미는 관료주의가 강화되어 있고, 불필요하게 기업의 부피만 커졌다는 신호며, 초점과 진정한 목표를 상실한 조직이라고 할 수 있다.

크든 작든 거의 모든 조직은 내부의 인간관계를 정의·개선·인식하는 데 어려움을 겪는다. 마케팅, 회계, 석유 및 가스 탐사, 전세 낚시 여행 등 다양한 분야에서 일하는 사람들이 조직에 얽혀 있다. 그들이 속한 팀은 서로 합심하여 일하는 게 아니라 자신의 일에 집중하는 방식으로 훈련되어 있다. 하지만 잠깐 생각해 보자. 다들 매번 업무 성과 검토를 하지 않는가? 누구나 한 번쯤 일종의 업무 방식에 대한 설문 조사를 작성해 본 기억이 있을 것이다. 사내 운동회를 열거나 매년 휴일에 파티를 열고 직원의 생일을 챙길 것이다. 이 정도면 괜찮지 않을까?

사실 그렇지 않다. 다른 장에서 효과적인 인간관계와 협업을 통한 공동 창작의 놀라운 잠재력에 대해 자세히 설명했다. 대기업에서도 충분히 이를 실현할 가능성이 있으며 창립자, 고위 리더, 학교 행정관 등 이 책의 모든 독자가 동료 및 직원과 합심하여 일하는 것이 일 자체에 집중하는 것 못지않게 중요하다는 점을 깨달아야 한다.

우리는 이런 협업을 단순히 업무 자체에 집중하는 게 아니라 업무를 처리하는 사람들을 위해 일하고 그들의 말에 귀를 기울이려고 의식적으로 노력하는 의식적인 문화, 즉 멘토 활동이라고 생각한다. 멘토십은 훈련이나 교육과는 분명히 다르다. 멘토십은 특정 기술을 구축하거나 직무와 관련된 업무 수행과는 관련이 없다. **멘토십이란 상대방이 사내에서 그리고 주어진 자리에서 자신을 어떻게 생각하는지 이해하고, 그들에게 어떤 목표나 희망이 있는지 알아보고, 멘토로서 상대방이 가장 크게 발전하도록 어떻게 도와줄 수 있는지 고민하는 것이다.**

안타깝게도 멘토십을 교육이나 사내 인간관계의 부수적인 혜택 정도로 생각하는 리더와 기업이 많다. 멘토십이 자리 잡을 수 있게 공식적인 가이드라인을 제공하거나 그렇게 해 볼 공간을 마련해주는 경우는 거의 없다. 그저 리더는 타고난 친화력이 뛰어난 사람이나 이득을 따져볼 때 자신에게 유리한 사람을 멘토로 데려와서 '자기 편'으로 삼는다. 장소를 불문하고 멘토십은 언제나 환영받는 프로그램이다. 하지만 모든 사람이 멘토십 프로그램에 쉽게 접근할 수 있게 하고, 유익함을 얻을 수 있음을 알려주고, 폭넓게 멘토십 프로그램을 운영한다면 지금보다 훨씬 더 큰 성과를 거둘 수 있다.

멘토링에 대한 우리의 정의는 다음과 같다. 리더가 특정 회사 내에서 자신의 역할을 뛰어넘는 직원의 미래를 응원하는 개념이다. 쉽게 말하면, 리더가 더 큰 목표를 설정하고 삶에 대한 야망을 통해 다른 사람도 그 목표에 함께 참여시키려는 마음을 갖는 것이다.

예를 들어, 언젠가 자기 회사를 차리고 싶은 마음을 가진 직원이

1
9
3

있다면 그런 꿈을 당당하게 말하게 해주어야 한다. 스타트업 창립자가 그렇게 해주면 그 직원은 창립자에게 마음을 활짝 열 것이다. 이 점을 꼭 명심해야 한다. 언젠가 자기 회사를 차리려는 마음을 가지고 일하면 성과가 높아질 뿐 아니라 두 사람의 관계도 끈끈해진다. 창립자는 그 직원이 언젠가는 떠날 거라고 생각하면서 스타트업을 운영할 것이고 직원은 자신의 솔직한 모습을 인정하고 이해해주는 것을 고맙게 여기며 일할 것이다.

또 하나 중요하게 고려할 점이 있다. 바로 멘토와 멘티의 관계에 숨겨진 힘의 역학이다. 대부분의 공식적인 멘토십 프로그램은 큰형이나 큰언니와의 관계처럼 시작되는데, 권력의 차이가 너무 커서 철저히 수직적인 상하관계 또는 정치적 요소가 개입된 관계처럼 보이기 쉽다. 그런 모형은 권장하지 않지만 멘토링과 직원을 지원하는 프로그램 사이에는 분명한 차이가 있음을 짚고 넘어가야 할 것 같다.

우리가 알기로는 특정한 업무나 상황에서 두 사람 사이에 멘토십이 형성되는데, 멘토는 더 큰 권한을 가진 사람이고 멘티는 상대적으로 그보다 권한이 적은 사람이다. 하지만 권력이나 권한 부여에 관한 장에서 이미 살펴본 것처럼 이런 권한 차이로 상대방을 내려다보는 코치가 되라는 의미는 아니다. 무엇보다도 양측이 대등한 인격체며 본질적으로 같은 가치를 지니고 있다는 점을 인식하는 편안하고 자유로운 장소에서 멘토십이 빛을 발한다.

팀이나 부서 내에서 좋은 인간관계를 유지하는 방법에 대해 이미 살펴본 내용을 잘 기억해야 한다. 조직 내 원칙으로써 멘토십을 논할 때는 다음과 같은 3가지 주요 사항을 고려해야 한다.

1) 모든 직원을 대상으로 멘토 역할을 하라

이제는 멘토와 멘티라는 구시대적 발상을 버릴 때가 된 것 같다. 그런 이분법적 사고는 훌륭한 멘토가 딱 한 사람의 멘티만을 행운아로 만들어주며 사회적·정치적으로 의도하지 않은 결과를 불러올 수 있다. 최근에 사용되는 접근 방식은 '현재의 멘토'라고 하는데, 멘토십 관계에 거의 모든 사람을 참여시킨다. 이렇게 하면 다양한 관점을 고려하여 가치를 확장할 수 있다.*

리더는 기업 내의 더 많은 직원과 함께 멘토 역할을 주고받는 기회를 만들고, 리더 역할을 하는 팀에게도 그렇게 하도록 권장해야 한다. 보고받는 시간을 활용하여 멘토 역할을 해주고 멘토십 활동에 필요한 시간을 보장해주고, 부서 직원들의 의견을 듣는 시간을 마련하여 그들에게 가장 좋은 방법이 무엇인지 이해하려고 노력해야 한다. 이렇게 멘토링을 기업 문화로 만들고 모든 직원을 대상으로 멘토 역할을 하려면 창립자와 리더가 멘토 활동에 최선을 다해야 한다. 멘토링을 말로만 공지하는 것이 아니라 행동으로 실

* https://hbr.org/2019/12/real-mentorship-starts-with-company-culture-not-formal-programs

천하고, 직원 한 사람 한 사람이 그 효과를 명확히 보게 되면 멘토링 프로그램은 기업 문화로 확실히 자리 잡는다.

2) 멘토십을 잘 활용하여 사내 혁신에 박차를 가하라

멘토링에 전념하는 기업은 신제품 개발이나 서비스 혁신에 전념하는 사내 기업가 프로그램, 자금 지원 및 안내 트랙을 형성하기에 유리한 위치에 있다. 이런 지원이 있으면 새로 만들어진 제품이나 서비스가 빨리 자리를 잡는다. 사내 기업가 정신에 투자하는 데는 분명하고 확실한 이유가 있다. 이를테면 인재 유지, 유기적인 연구 개발, 팀 참여 등에 도움이 된다. 많은 기업이 기존 혁신 프로그램의 성과를 저조하게 만드는 문제를 찾아내고 개선하는 일에 어려움을 겪는다.

다시 예시로 돌아가 보자. 창립자는 직원 중 한 사람이 언젠가 자기 회사를 차릴 목표가 있다는 것을 알게 되었다. 창립자가 이타적이고 창의적인 자세로 리더십을 사용하며 직원을 대하고, 한 사람 한 사람을 아끼며 지지한다는 것을 느끼면 사내에 혁신과 기업가 정신이 크게 성장할 가능성이 열린다. 부서원의 재능이 뛰어나도 그들의 의견에 귀를 기울이지 않거나 회사의 지원이 부족하거나 그들의 노고에 감사하는 태도를 보이지 않으면 직원들은 우수한 아이디어가 있어도 입 밖에 꺼내지 않으며 회사를 떠날 궁리만 할 것이다.

3) 이직한 동료와도 잘 지내려고 노력하라

창립자, 고위 리더를 비롯하여 직원의 존경을 받던 사람은 한때 자신이 데리고 있던 직원이 회사를 떠날 때 분위기가 예민해지는 상황을 경험했을 것이다. 거절당한 느낌, 심지어 배신당한 느낌이 들지도 모른다. 이런 느낌 때문에 많은 기업에서는 '우리를 지지하지 않는 사람은 우리를 반대하는 사람'이라는 식의 사고방식을 갖는다. 일단 회사를 떠난 이전 팀원은 회사를 찾아와도 반기지 않고 더는 교류 대상으로 보지 않는다. 게다가 그 사람이 성공하면 쓸쓸함을 감추지 못한다.

이런 사고방식이 만연하면 사람들은 떠나야 할 시기와 방법을 편안하게 이야기하지 못한다. 그래서 갑작스럽게 이직을 통보하고 그로 인해 회사에 적잖은 손해가 발생한다.

훌륭한 리더는 직원들이 편하게 오거나 떠날 수 있는 공간을 마련해주고, 경쟁하지 않는다는 조항에 작은 글씨로 쓰인 추가 사항 같은 게 아니라 아이디어의 질적 수준에 집중하도록 도와주어야 한다. 리더라면 적극적인 멘토링 활동을 통해 변화의 가능성을 확보하고 누군가 이직하여 성공하더라도 축하할 수 있는 건전한 관계를 유지하기 바란다. 이직한 동료와 좋은 관계를 유지하면 그 사람이 다시 회사로 돌아올 가능성이 있고, 그렇지 않더라도 그들과 연락하거나 편한 관계를 유지하면서 필요한 도움을 얻을 수도 있다.

당신이 직원들을 관리하는 사람이라고 생각해 보라. 자신의 관리하에 있는 직원들이 또 다른 직원들에게 상사 역할을 할 것이다. 하지만 당신은 스스로 멘토가 아니라고 생각한다. 조직이나 기업은 인간관계가 복잡하게 얽힌 곳인데, 거기에 속해 있으면서 인간관계에는 전혀 시간을 투자하지 않는 것은 얼마나 위험한 일이며 얼마나 큰 실수겠는가?

우리는 멘토링이 필수적인 업무라고 생각한다. 사실 우리도 누군가 따로 시간을 내서 멘토링이 무엇이며 얼마나 중요한지 알려준 것에 감사한다. 이제 생각해 보라. 당신은 누구에게 멘토 역할을 해줄 것인가?

23장

호기심

더 큰 목표를 위해
지식을 수집하는 자유

호기심은 창의성의 필수 전제 조건이다. 호기심 없이 행동하고 원하는 결과를 위해 노력하고 돌진하는 일은 얼마든지 가능하다. 하지만 새로운 것에 대한 간절한 열망과 기대가 없으면 진정한 의미에서 창의력을 발휘할 수 없다. 그건 불가능한 일이다. 변화를 꾀하는 사람에게 모르는 것에 대한 강한 욕구는 필수적이다. 우리는 호기심이 집단이나 기업 문화의 일부가 되어야 한다고 본다.

우선 호기심이 어디에서 생기는지 알아보는 것이 좋을 듯하다. **호기심은 자신의 지식에 한계가 있다는 점을 이해하고, 새로운 정보가 자신의 관점이나 기득권에 모순되는 것이라도 가치 있다고 여기는 자연스러운 상태를 가리킨다.**

위 문장에서 앞부분은 수긍하기 쉬울 것이다. 모든 것은 우리가 아는 것과 모르는 것으로 양분할 수 있기 때문이다. 하지만 앞서 다른 장에서 살펴본 것처럼 우리는 모두 판단하고 가정하고 예측하고 우리가 무언가 알고 있는 것처럼 행동하려는 경향이 있다. 무언가 아는 것처럼 행동하는 이유는 남들에게 성공한 것처럼 보이거나 특정 집단에 속하고 싶기 때문이다. 그래서 자신이 다 아는 것은 아니라는 사실을 인정하려면 용기와 자제가 필요하다. 남들 앞에서가 아니라 스스로 그렇게 생각하는 데에도 노력이 필요하다. 하지만 모른다는 사실을 공개적인 자리에서 주저 없이 인정할수록 호기심과 발전의 가능성은 더 크게 열린다.

문장의 뒷부분은 지식의 본질적인 가치 즉, 지식을 어디에 사용할지 잘 모르는 상태라도 일단 그 지식을 얻을 가치가 있다는 생각을 지녔는지를 의미한다. 이런 생각은 사람의 성격이나 배경에 따라 차이가 난다. 주변을 둘러보면 계획 없이 긴 시간을 인터넷 검색에 허비하거나 새로운 정보를 피해 다니는 일을 자랑스럽게 여기는 사람을 흔히 볼 수 있다. 우리도 그런 사람들과 크게 다르지 않다. 각자 자신의 관심사나 목표에 따라 움직이기 때문에 무작위한 데이터에 관한 관심은 자연스레 줄어들고 자기 생각과 관련된 지식은 머릿속에 더 명확해진다.

요약해 보자. 우선 자신이 모른다는 점을 솔직히 인정하고, 학습을 일종의 거래 과정으로 보는 사고방식을 버려야 한다. 이렇게 하려고 노력하면 생산적인 호기심이 커질 것이다. 이 세상에 유의미한 변화를 일으키려고 전력투구하는 사람에게 호기심만큼 큰 선물은 없다. 이런 맥락에서 볼 때 호기심은 개인의 단순한 포부를 넘어선 더 큰 목표를 위해 지식을 수집하는 자유라고 할 수 있다. 영향력을 행사하는 수단으로써의 지식은 과감히 포기하고, 권한을 부여하고 상호 이익을 추구하기 위해 지식을 적용하고 공유하는 개념이다.

호기심이 확보되었다면 이제 호기심으로 무엇을 할 수 있을지 알아보자. 어떻게 사용해야 긍정적인 결과를 얻을 수 있을까? 첫 단계는 호기심의 위력을 믿고, 일상생활이나 업무에서 호기심을 유지하기 위해 적극적으로 노력하는 것이다.

초보자에게 호기심을 품는 일은 결코 어려운 일이 아니다. 제대로 배운 적이 없거나 경험이 없거나 아직 제대로 모른다고 말할 만한 충분한 이유가 있는 사람이라면 호기심을 품기 쉽다. 하지만 경력이 조금 쌓이고 '이미 아는 것'들이 생기면 상황은 살짝 까다로워진다. 사실 사람들이 우리를 고용하는 이유가 바로 이것이니까 말이다.

창업을 꿈꾸는 대학생이거나 창업 준비를 시작한 기업가는 아직 영업에 대해 아무것도 모른다고 말할 수 있다. 하지만 기업의 4년 차 CEO가 영업 부진으로 허덕이면서 모른다는 말을 당당하게 할 수 있을까? 그에게는 자신의 무지를 인정하는 것이 '업무상

자살'과도 같다. 엄연히 준비의 부족을 인정하는 행동이며 투자자나 공동 창립자가 그에게 보여준 신뢰를 저버리는 짓이다.

호기심을 억누르고 '이미 아는 것'에 집중하는 방식으로 두려움에 대한 방어적 태도를 보인다면 창의성은 바로 말살된다. 앞선 예시에서 CEO가 자신이 영업을 충분히 이해한다는 잘못된 주장을 더욱 강화한다면 어떨까? 그 회사는 계속해서 저조한 매출 문제를 겪을 것이다. 상황을 개선하려고 새로운 이벤트를 고안해도 투자자의 간섭이나 시장 여건 등으로 인해 이벤트는 그의 예상대로 잘 풀리지 않을 것이다. 사업이 실패하면 기업가는 그 여파로 어떤 일에만 매달리는데, 영업에 대해 자신이 무지하다는 사실은 절대 인정하지 않는다. 이런 일은 창립가들에게 흔히 발생하는 문제다.

자신이 아는 것과 모르는 것을 편안하게 생각하면 호기심을 품을 수 있다. 호기심이 생기면 매출을 크게 높일 사람을 고용해야겠다고 생각할지도 모른다. 새로운 비즈니스 파이프라인이 완성되고 현금 흐름이 원활해지면 당신은 영업을 잘 알지만 스타트업에 실패한 CEO가 아니라, 대단한 스타트업 CEO가 될 수 있다. 한 마디로 궤적이 전혀 다른 길을 가게 되는 것이다.

호기심을 꾸준히 유지할 때 또 다른 효과를 기대할 수 있다. 바로 호기심을 조직의 원칙으로 수용하게 되는 것이다. 창립자나 리더가 지칠 줄 모르고 새로운 정보에 계속 관심을 보이며, 무모하다 싶을 정도로 자신이 모르는 것을 인정하는 태도를 보이면 다른 직원도 이를 본받게 된다. 그러면 사내에서 일이 처리되는 방식을 간단하고 이해하기 쉽게 설명하는 분위기가 형성된다.

시대를 불문하고 불필요하게 덩치만 키운 대기업 구조에서 호기심이 없으면 복잡성이 반드시 두드러진다. 대기업을 들여다보면 많은 경우에 무지를 숨기려 하다 보니 사실상 무지한 상태가 심각한 수준이다. 이런 상태가 되면 모든 것이 복잡해진다. 각종 약어와 전문 용어가 난무하고 엄격한 계층 구조가 형성되어 각 계층에 접근하는 일이 철저히 차단된다. 그리고 호기심과 야망을 품은 채 권력을 지닌 자리에 오르려는 사람은 높은 진입 장벽에 가로막힌다.

창립자, 리더, 기업은 실질적인 효과나 결과를 내는 행동을 해야 하며 결과를 단순하고 명확히 모두에게 공개해야 한다. 기업은 저마다 소프트웨어 개발, 공급망 관리 등 아주 복잡한 전문 분야를 가지고 있다. 이런 전문 분야의 기본적인 원리나 성패를 정의하는 결과는 누가 봐도 쉽게 이해할 수 있어야 한다.

호기심을 기업 문화로 정착시키려면 다른 사람이 듣는 자리에서 '멍청한 질문'을 해야 한다. 사실 이렇게 질문하는 행동은 그 사람이 멍청하지 않다는 사실을 보여준다. 오히려 리더에게 어떤 활동이나 실적을 더욱 간단명료하게 설명하도록 요구하는 행동이고, 어디선가 일이나 설명이 복잡해지려는 낌새가 보이면 리더가 나서서 이를 저지할 책임이 있음을 상기시킬 수 있다. 그리고 사내에서 누가 질문을 하더라도 대답할 준비가 되어 있다는 의미이기도 하다. 질문에 대한 답을 모르면 솔직하게 모른다고 말하면 된다. 리더가 어떤 것을 모른다고 공개적으로 인정하면 조직 전체에 호기심이라는 특성이 활성화되며, 호기심이 없으면 절대 생각해내지 못할 해결책을 얻을 수도 있다.

당신에게는 어떤 가능성이 있는가? 당신이 무언가를 제대로 만들기 시작하면 어떤 일이 벌어질까? 두려움을 떨쳐내고 즐거움, 호기심, 무지를 인정하는 솔직한 자세로 앞으로 나아가면 이 세상은 어떤 모습이 될까?

직접 시도해 보는 사람만이 이 질문들에 대한 답을 알게 될 것이다.

24장

확장성

**목표에 꼭 필요한 만큼만
성장한다**

지금까지 우리가 비즈니스의 성장과 복잡한 관계를 맺고 있다는 점을 알게 되었다. 우리는 무언가를 시작하고, 사람들이 다른 사람들과 연결될 수 있도록 권한을 주고, 집단적 행동을 통해 세상을 바꾸는 데 큰 열정을 갖고 있다. 하지만 그와 동시에 우리는 불필요하게 기업의 규모를 키우는 일, 관료주의 및 일정 수준의 성공을 이룩하는 데 수반되는 모든 것에 알레르기 반응이 있다. 그렇다면 이 2가지 입장을 어떻게 조화시킬 수 있을까? 기업가와 리더가 더 효과적으로 생각하고 행동하도록 돕기 위해 이 책을 쓰는데, 왜 회사가 너무 커지는 일에 대해 부정적으로 말하는 걸까?

잠시 후에 전문 용어의 의미를 소개할 것이다. 하지만 그 전에

이 딜레마가 어떻게 시작된 것인지 짚고 넘어가보겠다. 행동하는 비전을 품은 사람에게서 이 모든 것이 시작되었다. 그들은 아마도 이 책을 읽고 나서 자기 삶에서도 가능성을 발견하고 그 가능성을 향해 노력하기 시작했을 것이다. 처음에는 그 비전이 '내 회사를 갖고 싶은 마음'이나 '부자가 되고 싶은 욕구', '영향력을 행사하고 싶은 마음'과 비슷한 형태였을 것이다. 여기에는 중요한 공통점이 있다. 자신의 현재 모습보다 더 나은 사람이 되려는 야망 즉, 부를 모으거나 권력을 얻거나 더 유명해지려는 목표가 깔려 있다.

혁신이라는 불꽃이 야망이라는 연료와 만나면 커다란 불이 되어 모든 것을 집어삼키게 된다. 그 과정에서 개인의 야망은 구체적인 행동이나 방법론의 형태로 드러난다. 예를 들어 더 성장하려는 기본적인 욕구가 있으면 코드 캠프에 등록하게 되고 이는 실험, 앱 개발, 회사 설립, 자금 조달, 스튜디오를 설립·운영하는 일로 이어진다. 마지막 단계까지 오면 그 사람은 성공한 것이다. 본인의 삶도 풍요로워지고 권력도 어느 정도 갖게 되었을 테다. 악평이 뒤따를 수도 있다. 하지만 자신이 꿈꾸던 대로 많은 사람에게 도움을 주고 유익함을 전하는 존재가 되었을 것이다.

그런데 이렇게 야망을 이루는 과정에서 다소 재미있는 일도 벌어진다. 한때는 아주 명확하게 눈에 보이던 골대가 가만히 있지 않고 움직이는 것이다. 예전에 충분하다고 생각했던 것이 더는 충분하지 않고 당연한 것이 된다.

이때 기업가와 리더는 매우 중대한 시점에 선 것이다. 새로운 것을 계속 만드는 일에서 즐거움을 느낄 수도 있고 충분하다는 생각이 들 때까지 계속 헤매느라 좌절할 수도 있다. 이 2가지 상태 사이에서 긴장감은 기업을 불필요하게 부풀릴지 아니면 가장 효율적이고 단순한 형태로 유지할지 선택하는 일과 관련이 있다. 역동적으로 움직일지 느린 행보에 만족할지, 기본적인 성과만 유지할지 아니면 최대한 역량을 발휘할지 선택할 수도 있다.

어떤 리더는 자신뿐 아니라 주변 사람과 사회에 이바지하려는 아이디어를 실현하기 위해 기업을 확장한다. 하지만 어떤 리더는 직원이 많아지고 회사가 커지고 고객이 많아지고 더 많은 관심을 끌면 결국 다 잘될 거라는 환상에 젖어 성장에 지나친 박차를 가한다. 내면의 고통을 떨치려고 기업을 세우거나 예술이나 학문에 몰입하는 것이라면, 아주 큰 회사를 일구거나 리얼리티 쇼에 출연하거나 박사 학위를 받는 정도가 되어야만 효과가 있을 것이다. 하지만 무언가를 설립하는 과정에서 이 책에 소개된 개념과는 정반대로 간다면 오히려 상황이 악화된다.

내면의 갈등이나 문제를 해결하려고 기업을 운영하면 창립자에게 효과가 있거나 창립자의 기분을 좋게 해주는 것을 기준으로 의사결정을 내리게 된다. 겉으로는 경쟁이나 혁신을 외치지만 사실은 가족을 대신할 사람이 필요해서 동료를 끌어모으는 행동이고 자신이 성공했음을 널리 알리기 위해 더 크고 눈에 잘 띄는 사무

공간을 확보하며 사회에서 당한 불이익을 되갚아주려는 복수심에 경쟁에 뛰어들게 된다. 이런 악순환은 끝없이 이어진다.

평화롭고 생산적이며 오래갈 성공을 추구하는 창립자와 리더는 자기 아이디어와 자신이 이끄는 팀에 오롯이 스스로를 맡기고, 조금이라도 방해되지 않으려고 노력하며, 목표에 꼭 필요한 만큼만 성장하려고 속도를 조절한다. 그들은 내적 갈등의 해결책 대신 회사에 가장 필요한 것이 무엇인지 생각한다. 기업을 별도의 유기체로 보고 기업의 니즈와 욕구, 비전에 집중하는 것이다. 그리고 이런 관점에서 직원 수 증가, 부동산·연구 개발에 대한 투자 등에 관한 결정을 내리며, 다른 사람이 보기에 명확하고 설득력 있는 해결책을 찾아낸다.

여기까지 오면, 확장성이란 아이디어를 실현하고 아이디어의 효과를 극대화하는 데 필요한 성장이라는 개념을 이해하게 된다. 아이디어의 영향력보다 기업의 성장이 앞서면 수단이 목적을 넘어서는 것이 되므로, 기업은 불필요하게 비대해지기 시작한다. 이는 창립자나 리더가 처음에 가졌던 아이디어가 사실상 무너지기 시작했음을 뜻한다.

이 책을 보면서 사업을 구상하는 사람에게 이렇게 질문하고 싶다. '지금 구상하는 일은 자신을 위한 것인가, 아니면 가진 것을 베풀려는 것인가?' 무언가를 얻기 위해 일을 시작할 때 자신이 매우 제한적인 상황에 놓여 있으며 기업을 설립해도 자신이 원하는 바를 성공시켜 큰 만족을 얻어내는 것이 상당히 어려운 일이라는 점을 분명히 인지해야 한다. 얻을 것보다는 투자자, 팀, 고객, 더 나아가 이 세상에 자신이 무언가 제공할 수 있다는 가능성에 초점을 맞추기 바란다. 그러면 생각한 것보다 더 많은 보상을 받을 것이다.

사실 여기에 우리도 이 책을 출간한 이유가 담겼다. 우리는 바로 당신이 생각한 것보다 더 많은 걸 얻도록 도움을 주는 사람들이다. 우리가 당신과 직접 얼굴을 마주할 기회는 거의 없으며, 이 책에서 어떤 도움을 얻더라도 우리가 보상을 받을 가능성은 없다. 그저 이 책이 당신에게 도움을 주어 더 큰 발전, 더 많은 생산, 더 큰 행복으로 이어지기 바란다. 그러므로 다른 사람에게 동기를 부여하고 도와주기 위해 최선을 다하는 것이다.

당신의 성공은 우리에게 손해가 되지 않는다. 오히려 그 반대가 맞을 것이다. 우리는 당신이 강력한 크리에이터, 미래의 창립자 또는 리더, 독립을 준비하는 중간 관리자, 앞길이 창창한 대학생, 이 세상을 바꿀 잠재력을 가진 고등학생이라고 생각한다. 무엇이든 일단 시도해 보기 바란다. 변화를 일으키고 성공을 이룩하고 가능할 거라고 생각되는 모든 것을 이룩하라. 우리는 언제나 이 자리에서 여러분을 응원하고 작은 보탬이 되기 위해 노력할 것이다.

4부

이 책의 개념들을
조합하는 방식

이 책에서 살펴본 여러 가지 개념은 서로 관련되어 있거나 상호 의존적인 관계를 보인다. 다른 개념과 확연히 구분되는 개념은 없고, 다른 개념의 유무가 도움이 되기도 하고 방해가 될 때도 있다. 사실 이런 개념들이 어떻게 상호 작용하는지 설명하자면 따로 책을 내야 할 정도다. 이 책에서는 개념들을 몇 가지 조합으로 구분한 다음 자세히 살펴보고자 한다.

비유적으로 말해서 이제부터 수심이 조금 깊어진다는 것을 명심하기 바란다. 4부는 당신이 이미 책의 앞부분을 읽었다고 가정한 상태로 전개되며, 여러 가지 개념의 조합을 소개하기 위해 다소 빠르게 진행된다. 결과에 대해 비교적 직접적으로 설명하며 앞서 논의한 개념을 적용할 때 어떤 가능성이 만들어지는지 자세히 살펴볼 것이다.

4부에서는 더 높은 수준의 성과를 책임지기 위해 이 책의 저자와 직접 대화를 나누는 느낌으로 자세히 논의할 것이다. 이 부분이 개개인의 생각과 대화로 연결해주는 일종의 다리가 되기 바란다. 지금까지는 이 책에서 일방적으로 배우기만 했다면 이제부터는 당신이 믿고 의지하는 누군가와 대화를 나눈다고 생각하기 바란다. 4부로 이 책은 끝나지만 우리 모두의 노력은 계속될 것이다. 이렇게 관심을 가지고 함께해준 점에 감사드린다.

25장

리더십·전략·확장성

**리더의 할 일은 다음 상황을
예상하고 대비하는 것**

최근 몇 년 사이에 '바이럴리티virality'라는 단어에 새로운 의미가
생기고 그 영향력도 매우 넓어졌다. 예전에는 역학疫學 분야에서만
사용되었는데, 특정 질병이 어떤 특징이 있으며 어떻게 전파되는
지 언급할 때 등장했다. 하지만 지금은 워들Wordle과 같은 현상을
설명할 때 바이럴리티라는 표현이 등장한다. 워들은 조시 워들Josh
Wardle이라는 소프트웨어 개발자가 만든 웹 기반의 단어 게임이다.
2021년에 출시되어 불과 몇 주 만에 엄청난 인기를 얻었다.

조시 워들은 재미있는 게임을 만들었고 인터넷 덕분에 하룻밤
사이에 수천만 명이 신나게 게임을 즐겼다. 게임은 입소문을 타고
퍼져나갔다. 정확한 금액은 알려지지 않았으나 2022년에 「뉴욕타

임스」에서 수백만 달러에 이 게임을 사들였다.

워들 게임은 재미있다. 이를 만든 조시 워들은 큰돈을 벌었다. 「뉴욕타임스」에서 거액을 투자한 듯이 보인다. 하지만 자세히 알아보면 워들은 처음부터 이렇게 전 세계적 규모의 인기를 노린 건 아니었다. 그는 가까운 친구들과 즐기려고 이 게임을 개발했을 뿐, 갑자기 큰 인기를 끌거나 수많은 모방 게임이 등장하는 상황에 대처할 준비가 되어 있지 않았다. 그는 자신의 게임을 모방한 프로그램을 일일이 퇴치하는 일이 '너무나 힘들고 골치 아팠으며 즐겁지 않은 경험'이었다며 「뉴욕타임스」에 워들을 매각할 때 속이 후련했다고 말했다.

워들이라는 게임에 대해 들어본 적이 없거나 「뉴욕타임스」에서 알고리즘을 변경한 탓에 논란의 여지가 있는 몇몇 단어를 더는 사용할 수 없게 된 상황에 분개할지 모른다. 어쩌면 이 책이 출간된 후에는 워들이라는 게임 자체가 완전히 새로운 차원으로 접어들지도 모르고 말이다. 어찌 됐든 분명한 점은 워들의 등장은 전혀 계획되지 않은 일이었으며 워들이 큰 인기를 얻자 의도하지 않았던 수많은 결과가 발생했다는 점이다. 따라서 워들의 미래는 누구도 예측하기 어려운 상태다.

이와 대조적으로 명확하고 구체적인 **전략**에 집중하는 **리더십**은 **확장성**에 접근할 수 있다. 앞서 말했듯이 확장성은 요즘 말하는 **바이럴리티**와는 분명히 다른 개념이다. 조시 워들이나 그가 만든 워들이라는 게임을 비판하는 뜻이 아니다. 조시 워들 본인이나 그가 만든 게임을 즐기는 수백만 사용자에게는 좋은 현상이다. 사실 당신이 이 게임에 큰 애착이 없어서 상황을 객관적으로 볼 수 있다는 점에서 좋은 사례가 된다.

여기서 우리가 살펴보려는 개념의 조합은 워들의 사례와는 정반대의 결과를 낸다. 리더십, 전략, 확장성을 이 책에서 정의한 대로 사용하면 깨어 있고 의도적이며 지속적인 결과가 나온다. 이를 다 합치면 강력하고 탄력적인 비즈니스·정치적 운동을 일으키거나 심지어 가족을 탄생시킬 수도 있다. 과연 이런 개념이 어떻게 조화를 이루는지 알아보기 위해 먼저 각 개념을 차례대로 알아본 다음 서로 어떻게 조합을 이루는지 살펴보기로 하자.

늘 그렇듯이 한 사람의 내면에서 일어나는 개별화된 개념에서 시작해 보자. 리더십은 자신의 외부 또는 자기 자신 너머에 있는 무언가를 식별하는 것에서 시작한다. 리더만 볼 수 있는 가능성이라고도 할 수 있다. 그런 다음 다른 사람이 일을 조직하는 기반이나 기준을 제시한다. 투시력 같은 초능력을 말하는 게 아니다. 리더에게 미래를 내다보거나 모든 가능성을 예측하라고 요구할 수 없다. 무언가를 믿기만 하면 그것이 눈앞에 나타나는 현상을 뜻하는 현현顯現을 말하는 것도 아니다. 우리가 말하는 리더십에는 목표 즉, 충분히 현실화되어 설명될 수 있고 이를 중심으로 전략을 구상할 수 있는 미래의 상태가 필요하다.

리더십의 첫 번째 기본 원칙은 다소 어렵게 느껴질 수 있다. 리더 역할을 하려는 의지가 있는 사람, 외부의 가능성을 볼 줄 알고 다른 사람에게 영향을 주거나 조직을 구성하길 원하는 사람은 얼마 지나지 않아서 리더십에 뒤따르는 책임이 얼마나 큰지 알게 될 것이다. 조시 워들의 경우에도 창립자로서 짊어져야 할 책임이 너무 커지자 이를 감당하지 못하고 매각하기로 했다. 결코 의도하지 않은 회사 규모가 상황을 그렇게 만들었고, 원래 워들의 창립자가 품은 비전은 상황에 압도되고 말았다. 조시 워들이 겪은 이 현상은 가벼운 수준이었고 심지어 재미있는 부분도 있었다. 하지만 처음의 비전을 뛰어넘는 기업, 커뮤니티, 정치 운동, 심지어 가족까지 깊숙이 조사해 보면 더 깊고 어두운 결과가 드러난다.

불완전하거나 깊이 숙고하지 않은 리더십은 확장성으로 이어진다. 종종 확장성이 놀라운 속도로 진행되는데 이때 전략이 없는 경우가 있다. 그렇게 되면 리더나 리더 역할을 하는 팀의 의지는 확장성에 압도되며 의도치 않은 수많은 결과가 따라온다. 따라서 우리가 여기에서 말하는 리더의 첫 번째 책임은 결과를 안내하고, 리더십의 책임을 존중하는 전략을 구상하는 데서 발휘된다. 진정한 의미에서 효과적인 리더십은 원래의 비전이 지속되는 것을 보장하고 성장의 특성에 영향을 받을 수밖에 없는 사람들을 배려하는 전략을 통해 확장성을 도모해야 한다.

강연가이자 저술가인 짐 데스머Jim Dethmer는 리더십에 관한 강연에서 세상에 미치는 영향력에 대한 '근원적 책임'을 언급했다. 근원적 책임은 리더십과 전략의 연결성을 이해하는 데 핵심적인 요소다. 전략을 피상적으로 이해하는 사람은 나 또는 우리에게 주어진 것을 손에 넣거나 처리하는 방법이라고 생각한다. 하지만 더 자세히 들여다보면 전략은 당신이 무엇을 (받느냐가 아니라) 주느냐, 당신이 무엇을 (받아들이냐가 아니라) 금지하느냐, 그리고 규모를 확장하는 동안 자신의 역할에 관한 실질적이고 지속적인 이해를 어떻게 유지할지 고려하는 것이다.

리더가 책임을 받아들일 때 전략을 세우는 것이 책임 이행을 보여주는 첫 번째 방법이다. 기업에 전념하고 책임을 온전히 이행하려는 자세에서 전략을 수립하면 강력한 차원의 전략이 생겨난다. 효과적인 전략 개발은 즉각적으로 리더의 비전에 위협을 가하는데, 전략을 이행하려면 리더가 품은 비전이 가져올 현실적인 결과와 싸워야 하기 때문이다. 권력, 권한 부여, 공동 창작 장에서 살펴본 것처럼 다른 사람과 함께 일하려면 그들의 권리나 니즈, 욕구를 고려해서 성과가 극대화되도록 해야 한다. 이점은 전략에 포함되어야 하며, 경우에 따라 리더가 원래 구상했던 방향을 포기하거나 변경해야 할지도 모른다. 이처럼 전략은 리더에게 첫 번째 보호 장치이자, 근원적 책임에 가능성을 부여하기 위해 스스로 마련한 경계가 된다.

전략을 널리 전파하는 정확한 형식이나 방법은 다양하다. 우수한 전략은 컴퓨터, 파워포인트, 계획용 소프트웨어, 냅킨에 급하게 적어 내려간 메모 형태로도 간직될 수 있다. 사람들이 어떻게 협조하여 어떤 일을 처리하면 좋은지 간단하고 기억하기 쉬우며 신뢰할 만한 형태로 설명하는 것이 중요하다.

실제로 어떤 전략은 심각한 흠결이나 문제를 화려한 스타일이나 오로지 전략의 규모만으로 가리거나 숨기려고 든다. 하지만 일반인이 이해하지 못하는 전략이라면 그 전략에는 심각한 문제가 있는 것이다. 전략을 듣자마자 '그다음에는 어떻게 되는 거지?'라는 의문이 든다면 그 또한 문제가 있는 전략이다. 실패를 피하는 데 주력할 뿐 성공을 어떻게 대할지 구체적인 방안이 없는 전략도 합당하지 않다.

거의 모든 사람이 좋은 전략을 알아본다. 이 점이 전략 생성에 관한 장점이자 단점이다. 안타깝게도 좋은 전략은 그리 많지 않아서 경력이 얼마 되지 않는 전문가는 좋은 전략을 직접 접해 본 경험이 많지 않을 것이다. 하지만 일단 보면 바로 알 수 있으므로 크게 걱정할 필요는 없다.

전략이 계속 좌절감을 초래하거나 전략 자체가 부족하다면 리더가 직접 전략을 세워야 하는 상황이 되기도 한다. 그러려면 리더십에 뒤따르는 책임, 리더의 강한 의지와 노력 등이 필요하다. 리더십을 발휘하여 유의미하고 지속적인 확장성을 산출하려면 전략이 있어야 한다.

리더가 효과적인 전략 개발에 헌신적인 노력을 기울이면 필연적으로 확장성을 얻게 된다. 확장성은 리더십과 전략이 함께 작용할 때 만들어지는 산물이다. 기업을 성공적으로 확장하려면 전략적인 행동을 통해 장기간 꾸준히 리더십을 발휘해야 한다. 여러 기업이 2가지 모형을 통해 확장하는데, 두 모형은 서로 차이가 크고 허점도 많다.

첫 번째 모형은 '성장의 빅뱅 이론'이라고 한다. 일을 시작해놓고 시간이 지날수록 책임을 포기하는 리더를 높이 평가하는 모형이다. 이런 리더가 이끄는 집단은 방향을 자주 바꾸고, 경쟁사나 유행에 지나치게 민감한 반응을 보이며, 잘 정리된 문서 자료가 부족하여 다른 사람이 전략을 제대로 이해하거나 전략에 참여하기가 어렵다.

두 번째 모형은 '성장의 창안자 이론'인데, 리더가 대부 또는 대모 노릇을 하며 모든 것을 다 알고 있다는 가정하에 모든 일을 주도하고 참견한다. 이런 집단은 경직되어 있으며 창안자와 의견이 다를까 봐 두려워한다. 또한 창안자가 처음에 제시한 가정이나 결정을 신격화하거나 정당화하기 위해 엄청난 양의 서류 작업을 마다하지 않는다.

건전한 확장성을 얻으려면 앞서 살펴본 원칙에 충실하게 고착하는 리더십이 필요하다. 그에 더해 리더는 자신의 책임을 인정하면서도 다른 사람이 자유롭게 행동하고 창의성을 발휘할 여지를 마련해주어야 한다. 여기서 말하는 건전함은 그저 빠르다는 뜻이 아니다. 이 모형의 경우, 급속한 성장이 가능하지만 성장 속도는 전략의 실행에 달려 있다. 또한 성장 속도를 유지하려면 적절한 지원과 도구가 마련되어야 한다. 효과적인 리더십에는 전략이 필요하고 전략이 있으면 건전한 확장성을 얻을 수 있다.

워들은 재미있는 게임이다. 조시 워들은 이렇게 수백만 명에게 사랑받는 게임을 만들어낸 공로를 마땅히 인정받아야 한다. 그의 경험을 보면 우리도 어떤 일을 시작하기에 앞서 충분히 생각하고 준비하는지 생각해 보게 된다. 단어를 맞추는 워들 게임은 다음에 무엇이 나올지 모르는 상황이 수없이 반복된다. 리더로서 당신이 할 일은 다음에 이어질 상황을 예상하고 대비하는 것이다. 리더십·전략·확장성의 역학은 매우 강력하며, 셋이 조화롭게 사용될 때 무엇이든 다 성취할 수 있다.

당신은 이것을 어떻게 활용할 것인가?

26장

온전성·공동 창작·민첩성

더 많은 일을 해내고 유연성을 발휘하려면
신뢰가 필요하다

'신뢰하다' 또는 '믿는다'라는 말은 꽤 흥미롭다. 그 의미를 설명하기 위해 주변에 다른 단어가 많이 필요한 듯 보이기 때문이다. 대개 신뢰는 작업을 끝내는 데 필요한 개인의 역량이 어느 수준인지를 가리킨다. 일례로 이 책의 저자가 자동차 수리를 도와줄 수 있을 것이라고 믿어서는 안 된다. 우리는 그런 쪽으로는 전혀 아는게 없다. 아무리 의도가 좋고 열심히 노력해도 자동차 수리는 해낼수 없다. 그런 맥락에서 우리는 신뢰할 만한 대상이 아니다.

숲에 들어갔다가 배고픈 곰을 만날 경우, 그 곰이 나를 건드리지않을 것이라고 온전히 믿을 수는 없다. 내게 악의는 없겠지만 나를좋은 먹이로 여길 것이라는 점은 분명하다. 정확히 표현하자면 곰이 나를 공격할 것이라는 점은 믿을 수 있다. 곰의 본능이자 가장 자연스러운 행동이기 때문이다. 중력이 작용하려면 내가 중력을 믿어야 한다는 식의 법칙은 믿지 않는다. 모든 자연 법칙이 그러하듯이 중력은 내가 믿든 안 믿든 간에 무조건 작용하기 때문이다.

당신은 동료를 신뢰하는가? 대인 관계라는 맥락에서 신뢰를 협력과 집단 행동에 연결하면 상황은 더욱 복잡해진다. 여러 가지 조건과 주의 사항을 고려해야 한다. 우리는 신뢰에 대해 자주 이야기하지만 서로 거의 신뢰하지 않는 듯이 행동한다. 밤에 문을 걸어 잠그고, 어떤 행동을 강제하기 위해 계약서에 서명하고, 정보를 숨기고, 방어적으로 운전하고, 가정용 보안 카메라를 자세히 들여다본다. 많은 사람이 자기 자신도 믿지 못하기 때문에 특정 장소를 피하고, 사탕이나 술에 대한 규칙을 정하고, 각종 알람을 설정한다.

규모가 큰 일을 시작하고 다른 사람과 함께 이를 해나가는 위험을 감수하려면 신뢰가 많이 필요한 듯이 보인다. 하지만 정작 이렇게 신뢰에 의존하기 때문에 많은 기업이 정체되거나 옆길로 빠지거나 실패하고 만다.

이 때문에 **온전성**이라는 개념이 등장한다. 앞서 온전성은 자신의 약속을 모두, 완전하게 지키는 것이라고 정의했다. 자기가 말한 대로 행동하기 때문에 약속을 잘 지키는 사람으로 알려져서 신뢰를 얻는다는 뜻이다. 중력의 법칙처럼 규범적 개념이 아니라 긍정성이 두드러지는 개념이다. 중력은 그냥 존재하는 것이라서 따로 신뢰할 필요가 없다. 중력의 존재를 입증하는 모든 기록을 없앤다 해도 그런 기록은 언젠가 다시 나타날 것이다. 이 법칙에 동의하거나 맞장구치는 사람이 아무도 없어도 중력은 작용한다.

온전성을 지닌 채 기업을 운영하는 것이 가장 기본 원칙이며 이 책의 다른 모든 개념이 작용하기 위한 기반이 된다. 그리고 두 사람 이상이 함께 무언가를 해내려면 높은 수준의 공동 창작이 반드시 있어야 한다. 온전성이 없으면 공동 창작의 기반도 없다. 상대방의 어떤 점을 믿고 의지할 수 있는지 실제로 알 수 없기 때문이다. 아이들에게는 함께 설거지하는 것이 매우 특별한 경험이 될 수 있다. 하지만 누가 어느 그릇을 닦을지 싸우기 시작한다면 어떨까? '그런 걸 따지지 않고 곧장 설거지를 시작했다면 설거지는 벌써 끝났을 텐데'라는 생각이 든다면, 온전성이 없는 행동에 내재된 위험을 발견한 것이다. 두 아이는 상대방이 더 좋은 점을 차지할까 봐 누가 헹구고 누가 물기를 닦을지를 놓고 끝도 없이 말다툼을 벌이는 것이다.

설거지를 놓고 싸우는 아이들의 모습이 피곤하게 느껴진다면 기업 이사회 모임에는 아예 가지 않는 편이 나을 테다. 분위기는 아이들의 싸움과 비슷하다. 회의에 참석한 사람들은 상대의 의도를 절대 믿지 않으며, 자신에게 더 유리한 방향으로 분위기를 조종하거나 자신의 입장을 내세워 협상하느라 바빠서 정작 회의 주제에 무심하게 굴 때가 많다. 이는 공동 창작과 정반대되는 행동이며,

모두가 힘을 합쳐 파괴적으로 행동한 결과다. 결국 이런 행동은 훌륭한 아이디어나 제품을 짓밟고 만다.

온전성을 지닌 채 기업을 운영하면 공동 창작의 기반이 만들어지고, 더 나아가 **민첩성**이라는 또 다른 놀라운 기회가 열린다. 앞에서 민첩성을 살펴보았듯이 모든 팀원과 고객, 제품, 리더를 직접적으로 연결해야 한다. 어떤 사람에게는 민첩성에 대한 우리의 견해가 이상하게 들릴지도 모른다. 특히 규모가 큰 팀에서 일하거나 기업에서 일한 경험이 많은 사람이라면 그렇게 느끼기 쉽다.

온전성과 공동 창작 수준이 낮은 팀과 기업은 민첩성을 보일 수 없다. 민첩성을 논할 때 스타트업에 관련된 개인의 독립성이 매우 높다는 점은 이미 언급했다. 모든 당사자가 온전성과 공동 창작의 맥락에서 살고 있다고 가정하며, 작업 기회의 가능성을 최대로 넓혀준다. 이것은 대다수 기업의 현실과 정반대다. 대다수의 기업에서는 아주 간단한 권한이라도 여러 층의 감독을 거쳐야 한다.

대다수의 기업 조직이 느리고 꾸물거리는 특성을 띤다는 점은 아무도 부인하지 못할 것이다. 하지만 이렇게 불필요하게 덩치만 큰 기업의 다양한 구성원이 그런 특성을 원했거나 처음부터 그렇게 목표를 설정하고 회사를 차렸다고 생각하는 사람도 없을 것이다. 이런 석회화 현상은 집단 역학에서 필연적으로 나타나는 결과인가? 노화처럼 시간이 지나면 원래 그렇게 되는 것이며, 우리가 이를 막을 방법은 없는 걸까? 신뢰와 독립적인 행동이 무너지는 상황은 이해할 만한 일이지만 예방할 수 있다고 생각한다. 항상 쉬운 일은 아니지만 맞서 싸우거나 예방할 수 있다.

우선 많은 사람이 아주 어릴 때부터 어떤 방식으로 사회화되고 교육받았는지 이해해야 한다. 아이들은 학교라는 획일적인 기관에 갇혀서 무언가에 전념한다. 책임의 언어와 행동을 받아들일 때 보상을 받는다. 생물학 시간에 주어진 팀 프로젝트를 한번 생각해 보자. 참가한 학생 중 프로젝트 주제에 순수한 열정을 품고 있던 사람은 한 명도 없었을 것이다. 다들 억지로 수강 신청을 했고, 학점을 채우려면 반드시 이 과목을 이수해야 되어서 팀 프로젝트를 진행했을 테다. 이런 상황 때문에 학생들 사이에서는 '가장 낮은 점수를 받을까 봐 마음을 졸이는 사람이 누구인가'라는 게임이 시작된다. 아마 그 학생이 팀 프로젝트의 과제 대부분을 떠안을 것이다.

밴드 연습 때문에 밤늦은 시각 창고에 모인 아이들과 비교해 보라. 아이들은 재미로 음악을 연주하고 서로를 밴드 멤버로 선택했으며 음악을 순수한 마음으로 사랑한다. 모두가 밴드 활동에 온전히 전념하며 작은 도움이라도 되려는 진심을 품고 있다. 물론 이 밴드에서도 이기적으로 행동하는 사람이나 잘못된 판단을 내리는 문제가 생길 것이다. 하지만 공동 창작과 민첩성이 존재할 가능성에는 의심의 여지가 없다. 억지로 참여하라는 압력을 받지 않았고, 자유롭게 행동하고 창의성을 발휘할 자유가 있기 때문이다. 같은 아이들이지만 전혀 다른 모습을 보인다.

이런 패턴은 직업이나 경력에도 그대로 이어진다. 특히 강압적인 환경에서는 불신과 책임 회피 현상이 두드러진다. 젊은 전문가는 대부분 학교 교육을 마치면 대기업이라는 또 다른 단일화된 기관에 들어가는데, 그곳에서는 이런 분위기가 더욱 심하게 나타난다. 사실 대기업의 사내 문화나 체제는 너무 크고 깊숙하게 뿌리내려서 개인이 영향력을 행사하거나 바꾼다는 건 거의 불가능하다. 이런 환경에 처하면 결국 비생산적인 충동에서 비롯된 습관이 그 사람의 내면 깊은 곳에 자리 잡는다.

그래서 어떤 사람은 모두가 우러러보는 대기업을 빠져나와 직접 회사를 차리기로 마음먹는다. 자기 회사를 차리는 이들은 자유롭게 독립적으로 기업을 설계할 기회를 얻는다. 하지만 온전성이나 공동 창작과 같은 개념에 대해 제대로 배운 사람은 거의 없다. 그래서 팀 프로젝트를 수행하다가 계속 벽에 부딪히는 느낌을 받는다. 자기 자신과 스타트업에게 민첩성이 필요하다는 점은 알지만 어떻게 민첩성을 만들어야 할지 모르기 때문에 (밴드 연습처럼) 열정과 에너지만으로 사업을 시작한다. 하지만 시간이 흐르면 학교나 이전의 직장에서 습득한 습관이나 패턴이 서서히 드러나고, 결국 불필요하게 덩치만 키운 기업이 또 하나 탄생하게 된다.

근본적 수용과 온전성을 반영한 행동이 부족하기 때문이다. 온전성을 실천하려면 감정적으로 성숙해야 하는데 그 또한 쉽지 않다. 그리고 어떤 사람에게는 그런 수준에 도달하는 것 자체가 어렵기 때문에 장기간 온전성을 실천하는 상태를 유지하는 건 꿈도 꿀 수 없다. 가장 높은 수준의 성과를 내려면 팀 전체가 온전성을 다해 일해야 하는데, 그렇게 만드는 일이 민첩성을 갈고 닦는 과정에서 가장 힘든 일이다.

온전성이 잘 자리 잡은 상태에서 이제 스타트업의 목적과 전략을 명확히 하기 위해 언어 사용에 각별히 신경을 써야 한다. 공동 창작은 강압이 아니라 지지와 일치에서 나오며, 열정에만 기반을 두는 건 적절치 않다. 이는 회사를 시작할 때 구체적인 목표와 각 사람의 역할을 명확히 정해야 한다는 뜻이기도 하다. 그다음으로 창립자와 리더는 공동 창작 피드백 루프가 가동되면 다른 사람의 의견에 귀를 기울이는 동시에 자신의 의도를 명확히 알려주고 협업 과정을 계속 조정해나가야 한다.

일상생활에서 온전성에 꾸준히 집중하고 공동 창작에 직접 참여한다면 민첩성은 자연스럽게 따라올 것이다. 어쩌면 사람들은 민첩성을 직접 눈으로 확인한 후에 당신이 팀을 상당히 신뢰하기 때문에 민첩성이 생겼다고 잘못 생각할지도 모른다. 특정 지식을 갖춘 시스템을 실현해서 신뢰를 쌓을 필요를 없애버린 것이다. 자신과 함께 일하는 사람이 어떤 면에서 믿을 만한 사람인지 잘 알고 있으며, 공동의 목표를 향해 한마음으로 뭉치되 독립적인 행동을 허락하는 환경을 조성하는 것과 막연하게 동료가 알아서 잘할 것이라고 신뢰하는 상황은 전혀 다르다.

어떤 점을 아는 것과 신뢰하는 것은 별개의 문제다. 신뢰는 여러 가지 의미로 사용될 수 있으나 온전성과 공동 창작에 집중하면 신뢰를 통해 우리가 얻고자 하는 실제 결과물인 민첩성을 얻을 수 있다. 이렇게 하면 소규모 팀이라도 더 많은 일을 해낼 수 있고 유연성을 발휘하여 목표를 달성하는 데 필요한 여러 가지 역할을 해낼 수 있다.

실제로 효과가 있을 테니, 우리를 신뢰하면 된다.

27장

목표·책임·멘토십

**목표가 있는 리더는 변화를 받아들이며
결과에 책임을 진다**

앞서 다른 장에서 목표를 집중적으로 설명했듯이, 우리가 변화를 논하고 있다는 점을 더 분명하게 짚을 필요가 없다. 현상 유지를 고집하는 태도는 바람직한 목표를 추구하는 삶이 아니라 정체된 삶에 불과하다. 완전히 틀린 개념인데도 어찌 된 일인지 좀처럼 현상 유지에 대한 고집이 사라지지 않는다. 그래서 자기 삶에서 피할 수 없는 변화를 스스로 책임지려는 사람, 변화를 일으키려는 의도를 가지고 적극적으로 행동하려는 사람은 목표를 지닌 채 움직여야만 이렇다 할 결과를 만들어낼 수 있다.

인간이라는 종은 대체로 변화를 상당히 불편하게 여긴다. 사실 인간의 뇌는 자신을 보호하는 쪽으로 진화한 예측용 기계나 다름

없다. 뇌는 위협을 기억했다가 피하고, 미래의 자신에게 미칠 인지 비용을 계산하여 행동을 통제한다. 현재 안전하다고 느끼면 현재의 상태를 그대로 유지하려는 충동이 생긴다. 주변 상황이 변하면 더는 안전하지 않을 것이라는 느낌이 들기 때문이다.

바로 이런 느낌 때문에 사람들이 직업을 바꾸거나 임금 인상을 요구하거나 회의 중 리더로서 의견을 내는 일 등을 주저한다. '직업을 바꾸었는데 지금보다 더 상황이 안 좋아지면 어떻게 하지?', '임금 인상을 요구했다가 해고되면 어떻게 하지?', '회의에서 리더라는 입장을 내걸고 의견을 제시했는데 아무도 동의하지 않으면 어떻게 하지?'와 같은 두려움이 있기 때문이다. 자신을 정당화하려고 온갖 핑계를 생각해내는 것이다. 우리는 위험을 회피하도록 설계되었다. 그리고 변화는 항상 처음 접할 당시엔 위험하게 느껴진다.

목표를 가지고 행동하며 리더의 책임을 받아들이는 것은 다른 사람의 삶에 변화를 불러일으킨다는 뜻도 된다. 다른 사람들에게 억지로 무언가를 강요한다는 말은 아니다. 그들은 스스로 변화를 선택하는데, 셀 수 없이 무한하고 멋진 가능성이 펼쳐져 있다. 리더로서 당신은 그들의 삶에 일어나는 변화를 대표하는 존재다. 때로는 그런 존재라는 역할을 맡았기 때문에 어쩔 수 없이 약간의 불편함을 느낄 수도 있다. 하지만 중요한 일을 해내려면 불편함은 피할 수 없으므로 감내해야 한다.

그러면 어떻게 해야 할까? 어떻게 목표와 그에 뒤따르는 불편함을 관리하고 생산적인 협업에 한 걸음 다가설 수 있을까? 목표에 가장 밀접하게 따라오는 개념은 **책임** 즉, 우리가 세상에 가져올 변화에 대한 철저한 책임이다. 목표가 변화를 불러온다면, 책임은 변화에 대한 책임을 인정하고 수용하는 행동을 가리킨다.

대다수의 리더와 앞으로 리더가 될 사람은 자기 행동에 책임이 따른다는 점을 당연히 여길 것이다. 하지만 이 목표와 책임이라는 개념은 서로 연결되어 움직인다. 그렇기 때문에 세 번째 개념인 **멘토십**을 논할 때 목표와 책임을 하나로 결합해서 봐야 한다는 점을 놓치기 쉽다. 목표와 책임은 떼려야 뗄 수 없는 개념이며, 둘을 함께 적용할 때만 팀에 필요한 효과적인 멘토 관계를 형성할 수 있다.

많은 리더가 책임은 무언의 가능성이며 안 좋은 일이 발생할 때 필요한 미덕 정도로 생각한다. 이런 관점은 판단이 필요한 상황에서 책임을 진다는 뜻이다. 직원에게 좋은 일과 나쁜 일이 생길 수 있는데, 나쁜 일이 생길 때 리더가 직접 나서서 책임을 받아들여야 한다는 의미이기도 하다. 하지만 직원과 공동 창립자가 이때 겪는 경험은 훨씬 복잡하다.

제2차 세계대전 당시 연합군이 프랑스에 상륙하기로 디데이를 정해두었다. 당시 드와이트 D. 아이젠하워 장군이 편지를 미리 작성해둔 일화가 유명하다. 그는 미국 사령부에 보낼 편지를 2개 버

전으로 작성했는데 하나는 작전 성공의 모든 공로를 군에 돌리는 것이고 다른 하나는 작전 실패의 모든 책임을 자신이 다 짊어지겠다는 내용이었다. 상륙 작전은 대성공이었으며 그는 상륙군에 모든 공을 돌렸다.

우리는 리더로서 이런 명확성을 간절히 원한다. 다행히도 아이젠하워 장군이 편지를 작성할 때 감당한 공치사의 결과를 생각할 필요는 없다. 우리가 이끄는 팀이나 직원들은 좋고 나쁨으로 양분되는 변화를 겪는다. 그리고 앞서 객관성을 논했던 장에서 살펴본 것처럼 그런 식의 분류는 제한적이고 어떤 식으로든 도움이 되지 않는다.

우리가 상대방에게 목표와 비전을 전달할 때 변화가 필요한 영역을 인지하고 그런 변화가 가져올 책임을 받아들여야 한다. 우리의 목표가 무언가를 구축하는 것이며 상대방과 함께 그렇게 할 가능성이 있다고 여겨질 경우에는 상대방이 참여 여부를 자유롭게 선택하게 해야 하고, 앞으로 하게 될 일에 어떤 잠재적 결과가 뒤따를지 분명히 알려줘야 한다. 우리는 상대방의 삶에 일어나는 변화를 함께 경험하고 그 변화에서 우리가 맡은 역할을 인정하기 원한다. 시간이 지나면 상대방과 우리의 손발이 맞춰지고, 함께 공동의 목표에 따라 행동하게 된다. 그러면 상대방도 책임을 지게 되므로 쌍방이 함께 자유 의지에 따라 선택한 일에 대한 책임을 공유하게 된다. '우리 회사가 망하면 너는 나를 탓하면 돼'라는 사고방식과는 확연한 차이가 있다.

스타트업에 합류할 생각으로 이직하려면 일을 그만두고 다른 도시에 가서 일자리를 찾아야 한다는 상황을 인정하는 것이 효과적인 책임처럼 보일지 모른다. 하지만 당신이 새로 직장을 찾거나 새로 찾은 직장이 당신에게 잘 맞을 것이라는 보장은 없다. 스타트업은 팀원뿐 아니라 그들의 가족이나 주변인에게도 리스크를 전하기도 한다. 스타트업에 뛰어들기 전에 그 점을 반드시 진지하게 고려해야 한다. 이를테면 다른 도시로 이사를 갔는데 배우자가 일자리를 찾지 못하면 어떤 상황이 벌어질지, 가족에게 경제적으로 어떤 영향이 있을지, 새로 이사간 도시의 고용 환경은 어떤지 등에 관해 대화해야 한다.

어떤 식으로 세분화되고 구체화되는지 이해되는가? 대·내외적으로 실패에 대한 비난을 겸허히 받아들이겠다고 말하는 것은 사실 무언가를 만드는 행위에 대한 실질적인 책임을 회피하는 수단에 불과하다. 실질적인 책임은 호기심이 많고 헌신적이며 집요하다. 때로는 힘들고 지루할 수 있다.

여기에서 또 하나 짚고 넘어갈 점은 아무도 배우자에게 일자리를 찾아주겠다고 약속한 사람이 없다는 것이다. "다 잘 될 거야."라는 보장은 어디에도 없다. 일자리를 찾는 게 예상보다 오래 걸릴 때 생활비를 충당하도록 보너스를 주겠다는 제안도 없다. 이때 리더가 배우자의 일자리까지 찾아주겠다고 하거나 생활비를 위한 비용을 주겠다고 하면 어떨까? 이런 행동이야말로 팀원에게 책임을 묻지 않고 리더가 모든 책임을 다 껴안는 행동이다.

오랫동안 누군가에게 책임을 다하고 그 대가로 책임 이행을 요구하는 일은 강력한 멘토십을 발휘할 토대가 되며, 처음에 생각한 것보다 훨씬 더 풍성한 결과를 낼 수 있다. 우리가 생각하는 멘토십은 오랜 시간 지속되는 관계여서 누군가의 삶에 지속적으로 존재한다면 신뢰와 성과를 높인다. 그렇게 되려면 목표·책임·멘토십이라는 순서에서 가장 큰 걸림돌인 취약성을 극복하거나 피해야만 한다.

어떤 목표가 너무 커서 반드시 다른 사람의 도움을 구해야 한다면 그 목표에는 혼자 힘으로 해낼 수 없다는 전제가 포함되어 있다. 이때가 바로 취약성을 인식하는 첫 단계인데 많은 리더가 이 단계를 받아들이려 하지 않는다. 그들은 인재를 끌어모으려고 애쓰며 팀을 구성할 때 '도움이 되지 않으면 대체 인력을 찾을 것'이라는 점을 간접적으로 전달한다. 팀에서 절대 대체되지 않는 사람은 팀을 창립하고 비전을 제시하는 본인뿐이다. 이런 태도는 목표를 해치고, 책임을 온전히 떠맡으려는 의지를 꺾으며, 효과적인 멘토십의 가능성을 완전히 차단해버린다. 팀원에게 자신이 혼자서는 아무것도 못한다는 점을 알리는 행동은 매우 중요한 인정 단계다. 그리고 첫 번째로 중요한 취약성의 장애물이다.

두 번째 장애물은 지속적인 책임과 함께 등장한다. 타인의 삶에

2
3
4

스파크

일어나는 변화와 그로 인한 영향을 진정으로 이해한다면 리더는 공감하는 태도를 보이고, 상대방의 말에 귀를 기울이며, 자신의 실수가 있다면 주저 없이 인정해야 한다. 꼭 필요한 인재라고 인정한 사람에게 사실 자신이 불완전하다는 점을 보여야 하는 행동이 위험하다고 느껴질 수도 있다. 하지만 자신의 진정한 모습을 숨기거나 실수를 인정하려 하지 않는 행동이야말로 중대한 위험을 초래한다. 리더에게 멘토링을 받아야 하는 팀원들이 리더를 멀리하기 때문이다.

끝으로 멘토십이 성공하려면 취약성과 정서적 가용성이 필요하다. 수많은 관리자가 멘토링을 계층적 기능 즉, 예정되고 규제가 가해지는 상황에서 상급자가 아랫사람에게 지식을 전달하는 일로 생각한다. 하지만 우리는 멘토십이 인간관계라는 맥락에서 성립한다고 본다. 리더가 부끄러운 경험을 털어놓고 멘티는 자신이 미흡한 부분에 관해 더 많은 점을 배우는 일이며, 거래성을 따지지 않은 채 상대방을 위해 진심을 다해 도와주고 이끌어주는 행위를 말한다. 이렇게 하면 멘티도 권한을 가지며 멘토링이라는 개념을 잘 배워서 다른 상황에서 활용할 수 있다. 이런 멘토십은 기업 문화의 일부로 자리 잡아야 한다.

목표를 품은 리더는 변화를 받아들이며 변화의 결과에 책임을 진다. 그 과정에서 리더는 멘토 역할을 하며 공동 창작을 통해 직원이 더 나은 사람이 되도록 이끌어준다. 그런데 이렇게 하려면 리더는 자신의 취약성을 직시해야 한다. 그리고 다른 직원들이 자신에게 필요한 존재이며 그들이 완벽한 존재가 아니라는 점을 인정하고, 멘티를 포함하여 모든 사람에게 배울 점이 있다는 사실을 인정해야 한다.

28장

목적의식·디자인·최적화

정상으로 향하는 여정을 즐길 줄 아는
창립자와 동료를 찾아라

출판사가 만류했지만 우리는 이 책을 짧게 마무리했다. 독자들은 얇은 책을 더 선호할 것이라고 생각한다. 우리가 원래 서로에게 약속한 것은 군더더기 하나 없이 꼭 필요한 내용만 넣되, 책에 소개된 개념을 실제 사례를 통해 설명해주자는 것이었다. 성과와 책임을 다루어도, 정작 독자가 진심으로 받아들이고 실천하지 못한다면 이 책은 아무 쓸모가 없을 것이다. 이 책의 성공 여부는 독자에게 달려 있다. 하지만 많은 내용을 생략한 점은 부인할 수 없고, 우리는 이를 매우 안타깝다고 생각한다.

앞서 살펴본 것처럼 디자인은 자신이 무엇을 하지 않을 것인지에 대한 최종 결정이다. 이 책도 처음에는 일관성 없이 횡설수설하

2
3
7

느라 15만 단어나 되는 긴 원고 상태였다. 우리가 이 책의 디자인에 신경 쓰지 않았다면 그 원고가 그대로 출간되었을지도 모른다. 처음에는 모든 아이디어를 책에 전부 싣고 싶었다. 하지만 그렇게 했다면 최악의 결과가 나왔을 것이다.

엄격하지만 성공적인 디자인에 가까워지려면 명확한 목적의식이 있어야 한다. 이렇게 뚜렷한 목표는 우리의 행동을 안내해줄 수 있고, 우리의 모든 것을 결정하는 기준이자 틀이 된다. 이 책을 집필할 때 우리가 정한 목표는 독자의 삶에서 행동을 유발하자는 것이었다. 책 전체에 우리 두 사람의 아이디어를 가득 채우는 것과는 전혀 다른 목표였다. 이 목표에 전념하려면 둘이 원하던 것 중 일부는 포기해야 했다. 그래야만 원래 의도한 대로 디자인을 할 수 있었다.

목적의식과 **디자인**에 관한 장을 차례로 읽고 나면 둘의 연관성이 명확하게 드러난다. 목적의식에서 디자인으로 이동하면 **최적화**라는 가능성이 열린다. 하지만 이때부터 조금 겁이 날 수 있다. 성공적인 디자인은 대상에 전념하되 그 대상을 계속 시험하여 개선하는 방식으로 다루는 행위다. 합리적이고 이성적으로 고려하여 성공 요인을 발견·증명하거나 성공 요인이 부족한 이유를 입증해야 한다. 많은 창립자와 리더가 이 지점에서 겁을 먹고 얼어붙는다.

이 책이 처음의 장황한 원고 그대로 출간되었다면 저자인 우리는 고생하지 않았겠지만 졸작이 나왔을 것이다. 물론 어수선한 와

중에도 많은 독자에게 가치 있는 정보를 전달했을지도 모른다. 하지만 쉽고 간단한 설명이 아니라 정해진 틀이나 형식이 없고 측정하기 어려운 형태로 '이 정도면 괜찮겠지'라고 적당히 무마했을 것이다. 우리의 목표가 단지 책을 출판하거나 머릿속에 뒤엉킨 아이디어를 전부 긁어모으거나 누가 읽더라도 책의 특정 부분에 공감할 정도로 많은 내용을 늘어놓는 것이었다면 그 목표에 도달하는 데 성공했을 것이다. 누군가에게 우리가 틀렸음을 명확히 지적당하는 일은 없었을 테다. 책의 엄청난 두께와 모양만 보더라도 이성적인 판단이 어려울 것이므로 저자라면 당연히 두려워하는 비평을 안전하게 피할 수도 있었다.

이 책을 600페이지 분량으로 만든다는 아이디어가 우습게 들릴지도 모른다. 하지만 그동안 우리 두 사람이 만든 파워포인트나 기획서를 보면 허풍이 아니다. 전략 계획, 투자 유치 자료, 피칭 프레젠테이션은 무의미하게 과도한 분량 때문에 발표자에게 주어진 10분이라는 시간 제한에 절대 맞추지 못한다. 우리를 둘러싼 예비 리더는 전념하고 몰두하려는 태도가 부족해서 목적의식과 디자인이 불분명한 상태다. 실패와 거절을 두려워한 나머지, 이들은 긴 글 그리고 끝없이 이어지거나 반복되는 도표와 그래프에서 안정감을 찾으려 한다.

이 책은 목적의식과 구성 즉, 디자인은 이견이 존재할 만큼 명확하다. 이것이 바로 최적화의 핵심이다. 할 만한 가치가 있는 일은 다른 사람이 그 일을 보고 성공 여부를 판단할 수 있을 정도로 명확하며 목표에 충실해야 한다. '동의하지 않을 가치가 있는 것'이라고 기본 틀을 정하라는 말이 처음에는 이상하게 들릴지 모르지만 우리에게는 이것이 성공의 첫 번째 척도다.

책을 잠시 덮어두고, 지금 이 순간 자신이 처리해야 할 모든 일을 떠올려 보라. 목표가 없어서 디자인 단계까지 가지 못했고, 따라서 최적화를 시도할 기회조차 없는 분야가 있는가? 이런 상황은 개인 업무, 인간관계는 물론이고 비즈니스 중에도 늘 반복된다.

몸매 관리를 목표로 정하면 운동 프로그램을 디자인하고, '몸매 관리'에 어울리는 결과가 나오는지 지켜볼 수 있다. 이때 내가 이 일을 하고 있는지 아무도 모른다 해도, 마음 한편에 실패에 대한 두려움이 느껴질 것이다. 실패 가능성을 회피하려는 본능은 뿌리 깊은 것이라서 내면에 자리 잡은 모든 정의와 측정 결과를 무용지물로 만들 수 있다.

배우자와 행복하고 건전한 관계를 유지하는 게 자신의 목표라면 그 점을 상대방에게 명확히 알려주고 합심하여 둘의 관계를 구체적으로 설계할 수 있다. 그러면 시간이 흐르면서 둘의 계획이 얼마나 잘 실현되는지 가늠할 수 있을 것이다. 두 번째 척도를 소개하여 공포라는 요인을 강화했다. 상대방이 받은 만큼 되돌려주지 않으면 어떻게 할까? 상대방은 이 관계를 나와 다르게 생각하지 않을까? 이렇게 고민하다 보면 정의되지 않은 관계나 디자인이 부

240

스파크

실한 관계를 지속한다. 그러면 이별로 인한 실망감을 피하고 싶은 마음 때문에 정작 가장 원하는 행복은 절대 얻지 못하게 된다.

끝으로 자신이 만들고 싶은 크고 유의미한 무언가를 생각해 보라. 어떤 사람은 스타트업을 떠올릴 것이다. 이제 우리는 공개적으로 거절당할 가능성이 가장 큰 영역에 들어섰다. 투자자에게 퇴짜를 맞을 수도 있고, 함께 일하고 싶었던 동료가 동업을 거부할지 모른다. 스타트업이라는 아이디어 자체를 비웃는 사람도 있을 것이다. 이런 일을 당하면 기분이 좋을 리 없다. 하지만 거기에서 배울 점을 찾고 향후 노력을 최적화된 방향 또는 방식으로 조정해야 한다. 그러면 개선될 기반이 마련되어서 미래의 성공 가능성을 높일 수 있다.

목적의식·디자인·최적화라는 순서는 하나의 루프를 형성하므로 이 3가지 개념이 잘 작동하는지 계속 시험하고 증명해야 한다. 목표를 정해두지 않으면 수준 높은 디자인이 나오기 어렵다. 성공의 모습을 명확하게 그려놓지 않은 상태에서 헬스장에 다니면 예상 외의 결과가 나올 수 있다. 헬스장에 다니는 이유가 체중 감량 때문인가? 근육을 단련하기 위해서인가? 디자인이 잘못되면 최적화는 불가능하다. 측정할 수 없는 개념은 개선할 수도 없다. 따라서 목표부터 다시 검토해야 하는 상황이 된다.

최적화에서 마지막으로 신경을 쓸 점이 있다. 영구적인 반복 상태가 될 때까지 밀고 나가야 한다는 점이다. 거절당할지 모른다는 두려움을 극복하고 온전히 집중하여 디자인하면 운동, 인간관계, 회사 창립 등에서 성공을 맛볼 수 있다. 그러면 그 성공에 안주하고 싶은 유혹을 크게 느낄 것이다. '이 정도면 내가 그동안 고생한 것에 대한 충분히 보상받은 거잖아?'라고 생각할 수 있다.

그러나 가장 높은 수준의 최적화는 영구적인 반복을 받아들이는 상태를 가리킨다. 이는 마치 산꼭대기에 도달하면 피하고 싶은 불편함으로부터 자유로워지며 편한 마음으로 쉴 수 있다는 생각을 받아들이지 않는 것과 같다. 우리는 오히려 정상으로 향하는 여정을 즐길 줄 아는 창립자와 동료를 찾아야 한다. 정상으로 향하는 여정은 끝나지 않는 도전이라서 계속 노력해야 하지만 등반 행위 자체가 하나의 보상이며 산꼭대기는 원래 안 보이는 것이라고 생각하는 창립자와 동료 말이다. 이런 마음가짐이 있어야 획기적인 결과를 얻을 수 있다.

이상적인 모습의 우리는 이렇게 계속 등산하듯 도전을 반복하는 방법을 모든 면에 적용할 수 있다. 이 방법을 모든 면에 적용하고 두려움을 헤쳐나가는 방법을 배우면 결국 불편하기는 하지만 불편함 때문에 야기되는 불안감은 없는 상태가 될 것이다. 우리가 무엇을 하든 실패에 대한 두려움이 생기지만 그런 두려움조차 생기지 않는 일은 사실 해 볼 가치도 없는 일이다.

이런 관점에서 볼 때 역동적인 리더는 산을 찾아다닌다. 다른 사람들이 회피하는 환경에 일부러 발을 들이는 것이다. 이들은 비평에 익숙해지며 두려움을 헤치고 나가는 힘을 기른다. 이런 과정을 수없이 반복하는 중에 거기에서 얻는 지식은 그들에게 큰 유익함을 전해준다.

28장은 바로 이 원리를 직접 보여주는 대목이다. 이미 이 원리를 적용하여 성공한 사람도 있고 그렇지 않은 사람도 있을 것이다. 우리의 목표는 요점을 잘 이해해서 적용하거나 거부할 수 있도록 요점을 명확하고 간결하게 전달하는 데 있다. 목적의식·디자인·최적화의 조합을 통해 지금 이 자리까지 온 것이다. 다른 건 전부 제외했기 때문에 실패와 거절이라는 위험을 감수한 것이다. 하지만 그 위험을 기꺼이 감수했기에 독자에게 변화의 가능성을 제시할 수 있게 되었다. 제외한 것들은 우리의 목표에 맞지 않아서 오히려 방해될 뿐이다.

자기 자신, 인간관계, 직장이나 회사 일을 생각해 보라. 어느 부분에 목적의식이 없는가? 그 점이 디자인에 어떻게 나타나는가? 어떤 부분에서 최적화를 시도하는 게 불가능한가? 이런 문제를 해결하면 성공이든 실패든 결론이 빨리 나올 테다. 어느 쪽으로 결론이 나든 간에 자신의 목표를 향해 가는 과정에 분명 도움이 될 것이다.

그 외의 모든 것은 당신에게 방해가 될 뿐이다.

29장

성과·권한 부여·경쟁

서로에게 권한을 부여하면
더 많은 일을 달성할 수 있다

우리는 틱톡이 등장하기 전에 세상이 어떤 모습이었는지 잘 알고 있다. 페이스북이 생기기 전, 스마트폰이 등장하기 전 사람들이 어떻게 지냈는지도 잘 안다. 휴대전화가 널리 사용되기 전의 세상을 머릿속에 그려 보라고 하면 깜짝 놀랄지도 모르겠다. 지금과 달리 아주 투박하고 기능도 많지 않은 휴대전화조차 없던 시절이 있었다. 이런 기억을 떠올리자면 본인이 얼마나 나이가 많은지 새삼 확인하게 되어 가슴이 아플지도 모른다.

어쨌든 요즘 젊은 사람들이 전혀 상상할 수 없는 흥미진진한 시절이 있었다. 휴대전화가 없던 시절, 친구들과 만나기로 약속했는데 한 친구가 약속 장소에 나타나지 않으면 어떻게 했을까? 그 친구가 어디서 무얼 하는지 전혀 알 수 없는 상황에서 말이다. 그야 말로 해결할 수 없는 미스터리다. 일단 예정대로 계획을 진행하다 가 나중에 우연히 그 친구와 다시 연락이 닿아서 자초지종을 듣게 되면 그나마 다행이다.

당신이 이런 미스터리가 더는 생기지 않는 시대에 태어났다면 1980~1990년대를 배경으로 하는 영화나 텔레비전 프로그램을 통해 이런 상황을 이해해 보자. 수많은 오락 프로그램이 오늘날에 는 상상조차 할 수 없는 실수나 미스터리를 소재로 활용했다. 과거 에 대한 향수를 불러일으키려는 의도는 아니다. 이제는 친구가 길 을 잃었을까 걱정할 필요가 없고 어떤 노래든 금방 가사를 검색할 수도 있다. 하지만 과거의 이런 상황을 생각해 보면 이 책에서 말 하는 성과가 대인 관계에 어떤 영향을 미치는지 알 수 있다.

성과는 목적을 가진 행동으로 구체적인 결과에 초점을 맞추며, 분석을 통해 그 가치가 결정되는 개념이라고 정의할 수 있다. 성과 와 권한 부여, 경쟁의 연관성을 고려할 때 약속 장소에 나타나는 것 처럼 아주 단순한 행동을 예로 들어보겠다.

휴대전화가 없던 시절로 돌아가 보자. 사람들과 함께 무언가를 하려면 그들이 예측 가능한 방식으로 행동할 것이라고 믿을 수밖 에 없었다. 저녁 8시에 만나기로 했으면 나도 시간에 맞춰 약속 장 소에 나가야 그 계획이 제대로 실행될 수 있었다. 약속 시간 전에 는 상대방에게 연락해서 시간을 바꾸거나 변명을 대거나 늦는 이

2
4
5

4부 | 이 책의 개념들을 조합하는 방식

유를 설명할 방법이 없었다.

약속을 자주 지키지 않는 사람은 결국 인간관계에서 배제되었다. 혼란만 일으키고 신뢰할 수 없는 사람으로 평가되기 때문이다. 약속을 지키지 않고 아무런 성과를 보이지 않는 사람들의 태도가 누적되면 업무를 함께해 볼 가능성은 상당히 낮아지고, 결국 우리는 더 이상 어떤 시도도 하지 않게 된다.

요즘 세상에는 끊임없이 연락을 주고받으며 잠시라도 연결이 끊어지는 순간이 없다. 그래서 누군가 약속 장소에 나타나지 않으면 반드시 그 이유를 들어볼 기회가 있다. 여러 가지 이유, 상황적 요인, 특히 당사자가 통제할 수 없는 문제가 있을지도 모른다. 현실에서 우리는 장소를 초월하여 언제든지 의사소통할 수 있지만 한편으로는 역동성이 모호해지는 결과를 낳기도 한다. 우리는 모두 성과 수준이 표준 이하인 사람들과 관계를 형성하는데 그들은 어디에나 있다. 또한 '이번에 왜 시간 약속을 못 지키는지' 알면서도 그런 사람들과 관계를 맺어 왔다.

성과는 행동으로 온전성을 표현하는 행동 즉, 자기가 약속한 것을 한 마디도 빼지 않고 그대로 실행하는 행동이다. 예를 들어, 저녁 8시에 어떤 장소에서 만나자고 했다면 그 시간까지 약속 장소에 나가기 위해 만반의 준비를 하는 것이다.

권한 부여는 꼭 필요한 개념이다. 모든 팀과 조직의 힘·영향력을 배로 향상시켜준다. 당신이 누군가에게 신뢰하지 못할 사람으로 여겨지거나 당신의 존재감이 일관되고 효과적인 방식으로 전달되지 않는다면 다른 사람에게 권한을 부여하는 일은 불가능하다.

성과에서 이제 권한 부여로 한 걸음 다가가 보자. 이제 개인의 목표에서 집단의 잠재력으로 성과 방향을 바꿔야 한다. 이때 우리는 중요한 선택을 해야 한다. 개인의 성과에 초점을 맞출지, 아니면 팀이 다 함께 노력할 때만 가능한 큰 결과라는 가능성을 추구할 것인지 말이다.

높은 성과를 자랑하는 많은 전문가가 이 지점에서 잠시 주저하한다. 그들은 의식적으로든 무의식적으로든 권한 부여와 팀 리더십에 대한 책임을 회피하는 모습을 보인다. 어떤 경우에는 환경적 요인 때문에 다른 사람을 챙기는 데 쓸 시간이나 자원이 제한될지도 모른다.

그런가 하면 선택할 때 두려움에 크게 좌우되는 사람도 있다. 무언가 의미 있고 중요한 일을 해내려면 다른 사람에게 권한을 부여해야 한다. 가치 있고 중대한 일을 해내려면 경쟁을 버티거나 경쟁에서 이겨야 하므로 팀워크가 꼭 필요하기 때문이다.

팀 스포츠에서 경기의 시작은 다른 의미에서 끝을 뜻하기도 한다. 경기를 시작한다는 것은 준비, 연습, 계획이 다 끝났다는 의미다. 승리에 필요한 모든 것이 완료된 상태며 이제 남은 건 경쟁뿐이다. 경기가 시작되면 시곗바늘이 빠르게 움직이며 점수판도 쉴 새 없이 달라진다. 승패라는 결과는 조금만 기다리면 알 수 있다.

대부분 경기가 시작하자마자 결과가 확실해진다. 한쪽 팀은 서로 손발이 잘 맞고 경기에 온전히 집중하며 일사불란하게 움직이는데, 반대편 팀은 갈수록 혼란스러워지고 공격에 제대로 대응하지 못하거나 상대 팀의 스타일과 전략에 휘둘려 실력을 펼치지 못한다. 일단 경기가 시작된 후에는 되돌리기 늦은 것이다.

성과, 권한 부여, 경쟁의 관련성을 살펴보면 이런 자각의 순간이 매우 중요하다는 것을 알게 된다. 스포츠는 제한적이기는 하지만 예시로 아주 유용하다. 양측이 같은 규칙에 따라 완벽한 테스트를 치르며, 그 결과는 양측에게 영향을 준다. 우리는 스포츠에서 중요한 역학이 작용하는 것을 볼 수 있다.

팀 스포츠의 경우, 탁월한 재능을 갖춘 신수 개개인이 팀 전체의 승률을 높이는 데에는 별로 이바지하지 못하는 경우가 있다. 경기장에 있는 모든 선수가 입증된 승자며 몇몇 경쟁자를 제외한 나머지 선수보다 월등한 실력을 갖추고 있어서, 해당 팀에서 맡은 임무를 해내는 데 손색이 없는데도 말이다. 이런 점을 통해 권한 부여가 없는 성과는 경쟁에서 재앙과 같음을 알 수 있다.

이 책에서 이번 장은 물론이고 다른 부분에서도 팀워크라는 개념이 안 나오는 이유가 궁금할 것이다. 이미 살펴본 몇몇 개념의 결과에 포함된 적은 있지만 직접적으로 다루지는 않았다. 사실 팀워크는 매우 유용한 개념이다. 팀원이 서로 도우며 공동의 목표를 달성하고자 조화롭게 일하는 모습은 보기에 아주 흐뭇하다. 그런

데 효과적인 팀워크는 어떻게 정의하느냐에 관계없이 이번 장에서 서로 연결된 개념에 크게 좌우된다. 성과는 권한 부여를 가능하게 해주며, 이런 역학은 경쟁이 심한 상황에서 종종 팀워크라는 결과물을 만들어낸다.

성과와 권한 부여라는 개인의 책임에 초점을 맞추지 않으면서 팀을 구성하려고 하면 최선의 결과를 얻을 수 없다. 이 시점에서 공통 목표, 공유 자원, 상호 친화력, 서로를 도와주려는 마음과 같은 개념에 대해 혼란을 느낄지 모른다. 물론 이런 특성이 다 칭찬할 만한 개념이지만 그 자체만으로 그렇게 큰 가치가 있는 개념은 아니다.

우리가 보기에 순서는 다음과 같다. 먼저 각 개인이 성과에 대한 엄격한 표준을 잘 따르기로 굳게 결심한다. 즉, 온전성을 행동으로 표현하는 것이다. 다른 사람을 대할 때 일관되고 신뢰할 만하며 능숙한 모습을 보이면 중요한 목표를 달성할 사람으로 여겨진다. 여기에서 성과가 높은 사람은 동료가 새로운 역할을 수행하거나 더 능숙해지도록 지속적으로 도와준다. 그러면 언젠가 상대방은 혼자 힘으로도 일을 처리할 수 있을 정도로 발전하여 자유와 신뢰를 얻게 된다.

이 순서를 따르면 두 개념의 조합이 가진 잠재력이 향상될 뿐 아니라 권한 부여 모형을 정립하여, 처음에 권한 부여를 한 사람이 개입하지 않아도 다른 환경에 권한 부여 모형을 적용할 수 있다.

이 시점부터 팀의 권한 부여라는 특성이 더 발전하려면 폭넓은 조정과 균형이 필요하다. 시간이 지나면 신뢰에 기반한 관계망이 형성된다. 팀의 여러 부분을 긴밀하게 연결해주는 이런 유대감이 바로 우리가 평소에 말하는 '팀워크'다.

경쟁을 통해 팀의 장단점이 드러난다. 다른 사람에게 크고 작은 권한을 부여하려면 가치 있는 목적의식이 필요하다. 팀은 중요한 것, 측정 가능한 것, 실패의 가능성이 있는 것을 시도해야 한다. 경쟁은 팀을 시험하는 기회이자 팀의 격차, 약점, 더 고려할 부분에 대해 귀중한 피드백을 얻는 계기가 되어준다.

이 과정에서 개인이 성과를 내기 위해 온전히 집중하고 몰두해야만 결과가 나온다. 우리가 다른 사람에게 권한을 부여하는 이유는 그들이 외부의 도움이나 개입 없이 자기 힘으로 일을 해내야 하기 때문이다. 이것이 바로 성과 · 권한 부여 · 경쟁이라는 조합의 마지막 과제다. 가장 중요한 순간에 크나큰 책임을 맡은 사람을 신뢰할 수 있는가? 그들은 당신이 한 걸음 더 나아가 책임을 다할 것이라고 믿을 것인가? 서로의 전문 분야에 관여하지 않으면서도 목표를 향해 함께 노력할 수 있는가? 다시 말해서 별개로 움직이면서도 함께 일할 수 있는가?

팀을 구축하려면 2개의 강력한 힘이 필요하다. 하나는 성과를 산출하려는 강한 의지고, 다른 하나는 타인이 당신을 대신하여 성과를 내는 것을 믿어주는 태도다. 언뜻 보기에는 두 요소가 서로 모순되거나 매우 다른 개념처럼 보일지 모른다. 처음에는 둘 다 상당히 부자연스럽다고 느껴질 수 있다. 우리는 본능적으로 자신의 성과에 제한을 두려고 하는데, 성과에 뒤따르는 책임이 부담스럽거나 다른 사람을 믿지 못해서 그들이 무책임하게 행동할까 봐 걱정하기 때문이다. 순서가 거꾸로 된 것일 뿐, 사실은 같은 딜레마다. 요점은 두려움에 휘둘리는 본능적인 반응을 억누르고 성과를 향해 확고하게 밀고 나가라는 것이다. 그렇게 해야 자신과 다른 사람에게 모두 유익하다.

휴대전화가 없던 시절에는 늘 모이는 사람들끼리만 친하게 지내곤 했다. 그들과 즐겁게 지내려면 집단의 계획을 이해하고 정해진 시간에 정해진 장소로 가야 했다. 상황은 사실 크게 달라지지 않았다. 아마 당신은 1,000명에 가까운 유사 인맥이 있을 것이다. '좋아요'나 '팔로우'를 통해 수백 명과 소통할 것이고 자주 문자나 이모티콘을 주고받는 친구도 수십 명은 될 것이다. 그중에는 약속 장소에 분명히 나올 거라고 믿을 수 있는 친구들도 있다. 이처럼 성과는 서로에게 권한을 부여하여 더 많은 일을 달성할 기회를 열어준다.

이는 휴대전화의 유무와 관계가 없다.

30장

객관성·기쁨·호기심

열린 마음, 즐거운 감정,
지칠 줄 모르는 호기심을 지녀라

안타깝지만 30장의 결말을 스포일러해야 할 것 같다. 이번 장의 결말은 열린 마음, 즐거운 감정, 지칠 줄 모르는 호기심을 지닌 채 자신의 길을 직접 찾아내라는 것이다.

김이 새더라도 널리 양해를 부탁드린다.

인터넷 시대에는 정보를 얻는 것보다 정보를 피하는 것이 더 어렵다. 얼핏 보기에는 어떤 정보든 항상 사용할 수 있는 듯하지만 시청하지 못한 경기의 최종 점수, 아직 시청하지 않은 새 프로그램의 마지막 반전, 한때 믿었지만 최근에 슬슬 의심스러운 움직임을 보이는 주식 종목의 동향을 무시하는 일은 매우 어렵다. 이런 정보는 일종의 스포일러라서 직접 무언가를 실시간으로 발견하는 즐거움을 빼앗는다.

별것 아닌 예시지만 이 예시를 통해 '다 알지 못하는 것'의 가치를 분명히 알 수 있다. 심지어는 친구들에게 어떤 말도 꺼내지 말라고 경고하거나 일부러 트위터를 보지 않으려고 애쓰기도 한다.

이렇게까지 하면서 놀라움을 맛보려고 하는 이유는 일상생활에서는 놀라움을 경험할 일이 거의 없어서 그런 순간이 너무 소중하기 때문이다. 물론 이 또한 환상이자 착각이다. 우리의 일상은 놀라움의 연속이지만 우리는 일상에서 일어나는 일을 이미 알고 있는 패턴의 일부로 보거나 오랫동안 의심한 일이 사실로 드러나고 나서야 문제라고 인식한다.

앞서 6장에서 객관성을 논할 때 판단하려는 마음가짐이 얼마나 위험한지 자세히 살펴보았다. 판단은 이전에 가진 믿음에 대한 답을 제공한다. 이런 믿음은 무언가를 예상하거나 설명하는 데 사용되는데, 이야기가 시작되기도 전에 이야기를 다 망쳐버린다.

이 책을 집어 든 이유를 생각해 보라. 아마 창작의 가능성에 관련된 일이 일어났거나 어딘가에 얽매이지 않고 싶은 마음에 이 책을 선택했을지 모른다. 또는 자기 힘으로 가능성을 부여해 보고 싶은 대상이 생겼을 수도 있다. 그러면 이제 당신이 실제로는 그렇게 하지 않는 이유를 전부 떠올려 보자.

지금 당장 스타트업 창업을 목적으로 자금을 모을 수는 없다. 책임과 의무를 다하지 않고서는 그 위험을 감수할 수 없을 것이다.

설령 그 위험을 감수하더라도 팀을 구축하거나 회사를 운영하는 방법은 모를 것이다. 이 책이 괜찮긴 해도 대부분 내용이 어차피 당신에게 적용되지 않는다. 그냥 원래 하던 대로 하면서 자기가 아는 일을 하는 편이 더 낫다.

이런 생각 뒤에는 또 다른 것이 있다. 바로 무엇이 옳은지 그른지, 좋고 나쁜지에 대한 믿음을 통해 자신이 하고 있는 일을 정당화하고 이 세상에서 자신의 위치를 뒷받침하는 판단이다. 어떤 사람의 경우에는 가족의 경제적 상황에 비추어 보는 판단이 작용해서 '부자는 본질적으로 악하며 부를 얻으려고 어떤 일을 하는 것은 매우 역겹고 비윤리적'이라고 생각할지 모른다. 누군가는 인종이나 성별에 편견이 있거나 중요한 일을 하려면 어떤 종류의 사람과 손잡아야 하는지 자신만의 고집이 있거나 가족에게 미안한 마음 때문에 인생에서 변화를 시도하는 데 주저할지 모른다.

간단히 말해, 자신의 앞에 놓인 무언가를 볼 수 있지만 여러 가지 설명을 들으면서 점차 그것과 멀어지게 된다. 이런 설명은 당신의 행동을 정당화해주고 기존 상태를 그대로 유지해도 된다는 판단에서 나온 것이다.

여기서 요점은 독자 중 상당수가 이미 다음에 이어질 내용을 알고 있다는 점이다. 여러분은 본격적인 쇼가 시작되기도 전에 반전을 다 망치는 식으로 자기 자신에게 스포일러를 한다. 최악의 경우, 이런 과정을 피하는 것 자체가 불가능할 때도 있다. 머릿속에서 트위터 알람을 꺼버리지 못하는 것이다. 어떤 일이 발생하는 순간에 이미 그 일을 알고 있다는 사실은 미래를 현재의 정당화 수단으로 여기는 자동 순환 과정이다. 판단에 내재된 한계인데 객관적인 사고방식만이 새로운 가능성을 향해 돌파구를 마련할 수 있다.

가치 중립적이고 쉽게 판단하지 않는 관점을 지니면 기쁨이라는 새로운 가능성이 열린다. 삶에서 아주 작은 면이라도 이런 관점을 적용하면 분명 변화가 찾아올 것이다. 자신이 생각하는 틀에 밀어 넣으려 하지 말고 주어진 상황이나 대상을 있는 그대로 경험하면 전혀 생각지 못한 새로운 점을 배우거나 성장할 수 있다.

그러면 예전에는 두렵거나 짜증이 났던 사람들에게 고마운 마음이 들고, 그들을 높이 평가하는 마음도 생긴다. 계속 새로운 것을 배우고, 안정적으로 생활하고, 연결이나 협업이 필요한 사람에게 온전히 집중할 에너지가 생긴다. 직장은 물론이고 인생에 대한 열망에서도 이런 변화가 생길 수 있다. 일단 변화가 시작되면 자신이 하는 일에서 느끼는 기쁨이 기하급수적으로 늘어날 것이다.

새로운 것에 개방적인 태도로 대하고, 실제로 경험해 보기 전에 성급히 판단하지 않는 사람은 기쁨을 누릴 가능성이 크다. 이 시점부터 우리는 호기심으로 가득한 세상을 경험하게 된다. 호기심은 인생이나 직장에서 필요한 돌파구를 만드는 데 필수 요소다. 이 점이 특히 중요하다. 나이가 들수록 호기심이 줄어들기 때문이다.

철학자이자 심리학자인 앨리슨 고프닉Alison Gopnik은 아기의 의식을 랜턴에 비유한다. 아기의 관심과 호기심은 모든 방향으로 뻗어나가기 때문에 학습 효과가 최대화된다. 부모가 어린아이에게 옷을 입히려고 애쓰지만 아이는 수만 가지 무의미해 보이는 자극에 계속 정신이 팔려서 옷을 제대로 입지 않는 상황을 경험했을 것이다. 아이들은 가리지 않고 정보를 받아들인다. 뇌가 빠르게 성장하기 때문에 언제나 새로운 것을 탐구한다.

반면 고프닉은 나이가 든 사람의 의식을 스포트라이트에 비유한다. 스스로 정한 목표나 행동에만 온전히 집중하기 때문이다. 이렇게 되면 생산성은 높아지지만 호기심은 매우 적은 상태가 된다(아이에게 옷을 입히려는 부모의 머릿속에는 하나의 생각뿐이다). 그래서 시간이 지날수록 배우는 양은 줄어들고 사고가 경직된다.

이런 과정은 자연스러운 변화다. 여기에 위험을 회피하려는 마음이 더해지면 기쁨이나 호기심은 사라지고 모든 것을 다 안다는 식의 태도가 생긴다. 강한 호기심이 주도하는 삶은 위험이 뒤따르지만 스스로 정한 한계에 갇혀 편협한 생각만 하며 사는 삶이 얼마나 위험한지도 생각해 보라. 회사를 세우려고 자금을 모으려는 시도조차 하지 않는 것이 일단 시도했지만 실패하는 것보다 더 낫다고 말할 수 없다.

전자의 경우, 경험을 쌓을 기회조차 없기 때문이다. 자영업을 하면 경제적으로 불안정해질까 봐 겁이 나서 직장을 그만두지 못하는 상황은 사실 엄청난 비용을 치르는 상황일지도 모른다. 자영업을 해서 누구보다 크게 성공할지도 모르지 않는가? 전도유망한 새로운 일을 협업 형식으로 진행하는 데 전념하려면 실망감을 느낄 수 있다는 점을 각오해야 한다. 하지만 그것이 두려워서 협업에 전념하지 않으면 성취감, 영향력, 재미 등 모든 면에서 손해를 본다.

객관적이고 호기심이 왕성한 사고를 하면 타인과의 경험에서 새로운 변화가 생겨난다. 다들 누군가와 대화할 때 상대방이 당신의 생각을 궁금해하지 않고 그저 자기의 관점을 당신이 지지해줄 것인지 궁금해서 말을 걸었다는 느낌을 받은 적이 있을 것이다. 상대방의 생각을 예측하거나 판단하는 데 집중하다 보면 그들의 말이나 경험에서 가치 있는 것을 배우기 어렵다. 상대방은 당신이 폐쇄적이라고 생각하거나 이미 마음의 결정을 내린 상태임을 눈치챌 것이다.

그러나 현재에 집중하면서 순수한 호기심을 품고 귀를 기울이면 상대의 반응도 크게 달라진다. 자기 말에 진심으로 귀를 기울인다고 느끼면 그 사람과 당신 사이에 공동 창작의 가능성이 커진다. 이를 꾸준히 적용하면 리더든 팀이든 장기적으로 큰 이득을 얻는다.

판단은 호기심이 생기거나 자라는 데 방해가 될 뿐 아니라 당신이 호기심 많은 사람이라는 점을 다른 사람들이 알아차리는 일을 방해한다. 이에 반해 객관성은 호기심에 접근하는 길을 열어준다. 호기심을 가지면 즐거우므로 주변의 호감을 사고 그들에게 영향력을 행사할 수 있다. 어떤 방법에 큰 위험이 따르는지 결정하는 건 각자의 몫이다. 열린 마음, 즐거운 감정, 지칠 줄 모르는 호기심을 가지고 자신의 길을 직접 찾아내기 바란다.

31장

집중·이야기·연결성

**공유하는 경험에서 연결성과
의미를 찾기 위해 이야기를 들려준다**

시나리오 작가는 영화 대본을 쓰면서 가슴 아픈 결정을 수없이 반복해야 한다. 일단 등장인물을 모두 소개할 시간이 부족하다. 이야기의 전개와 직접적으로 관련되지 않거나 도움이 되지 않는 장면은 잘라내야 한다. 관객이 이야기에 감정적으로 몰입하고 반응하게 만들려면 다시 말해, 연결성을 갖게 하려면 작가는 놀라운 집중력을 발휘해야 한다.

영화 제작자에게 각본을 선보일 때 단 한 문장으로 작품을 간략하게 요약하여 제시하는데, 이를 로그라인logline이라고 부른다. 로그라인에는 시나리오 작가의 집중력이 가장 잘 드러난다. 예를 들어, "17세 귀족이 화려하지만 불운한 타이타닉이라는 배를 타고

가다가 상냥하지만 가난한 예술가와 사랑에 빠진다."와 같은 식이다. 이 문장을 읽고 뱃머리에서 양팔을 펼친 케이트 윈슬렛과 그녀를 안고 있는 레오나르도 디카프리오의 모습을 떠올리긴 어렵다. 하지만 이 한 문장에 이야기의 필수 요소는 모두 들어 있어 내용을 짐작할 수 있다. 할리우드 영화는 전부 이런 로그라인에서 출발한다. 아주 짧은 문장에 담긴 정보가 영화 제작자의 손을 거쳐 생명력을 얻는 것이다.

집중을 강조하는 이유는 스토리텔링이라는 행위가 집중 외의 모든 충동을 불러일으키는 듯이 보이기 때문이다. 우리는 함께 공유하는 경험에서 연결성과 의미를 찾으려고 자신과 타인에게 이야기를 들려준다. 그렇게 하면서 우리는 방황하고 옆길로 새기도 하고 무의미한 세부 사항을 이야기에 넣기도 한다. 캔버스의 경계를 무시하는 예술가처럼 벽 전체에 페인트를 뿌리면서 화려한 색상이 관객의 관심을 자극하기 바라는 것이다. 하지만 아쉽게도 관객은 우리가 바라는 대로 반응하지 않는다.

스토리텔링은 무언가를 창조하는 데 온전히 몰두하는 사람에게 유의미한 개념이며, 이야기의 목적을 달성하려면 집중이 꼭 필요하다. 집중이 부족하면 생산적으로 이야기가 진행될 수 없으며, 많은 경우에 부정적인 결과를 초래하고 만다. 이야기꾼이 자주 실수하거나 착각하는 점 몇 가지를 살펴보자.

1) 이야기가 저절로 전개될 거라고 생각한다

열심히 일하는 창립자나 리더는 스포트라이트를 피하려 한다. 자신에게 공을 돌리거나 관심이 집중되는 상황은 일단 거절한다. 의도는 나쁘지 않다는 건 잘 알지만 이렇게 행동하면 스토리텔링 자체가 불필요하다는 오해를 낳을 수 있다. 기업이나 팀의 성과가 이야기를 대체하며 그 후로는 이야기가 더 이어질 필요가 없다고 보는 것이다.

그러나 현실에서는 현재 벌어지는 상황에 의미를 부여하는 이야기가 없으면 지속적인 연결성을 달성할 수 없다. 리더는 팀이나 기업의 목표에 관한 이야기를 제시할 의무가 있다. 이 의무를 회피하면 다른 사람이 마음대로 꾸며낸 이야기가 사람들의 관심을 빼앗아 갈지 모른다.

2) 이야기로 영감을 주는 게 아니라 이야기를 설명 도구로만 사용한다

리더는 이야기를 장악하거나 주도하려고, 중요한 의사 결정으로 이어지는 일련의 사건을 모두 해체해버린다. 그러면 이야기는 다큐멘터리로 전락하고 만다. 회사나 아이디어의 한 부분을 구성하는 점이 어떤 기분인지 전하는 것보다는 그저 '제대로 일을 처리하는 데'에만 더 치중하는 기록만 남는다. 그 순간까지 이어진 이전 사건들에 대해 명확한 관점을 유지해야 하지만 그런 식으로 정보를 축적한 기록은 이야기가 될 수 없다. 이야기가 정보만 전달하고 영감을 주지 못하면 상대방의 마음에 열정이 전혀 생기지 않기 때문이다.

3) 열정이 집중을 압도하게 내버려둔다

리더는 자기 아이디어와 자신이 직접 꾸린 팀에 남다른 열정이 있다. 그래서 종종 이야기가 길어지고 복잡해져서 듣는 사람이 쉽게 이해할 수 없는 상황이 초래된다.

구체적인 목표를 중심으로 명확하고 일관성 있게 이야기를 전개하지 못하면 청중이 이야기꾼의 감정에 온전히 동화되기 어렵다. 초점이 흐려진 이야기는 흥미진진하고 재미있게 들릴지는 몰라도, 결국에는 무슨 말인지 알 수 없는 상황으로 치달아서 실패로 끝나게 된다.

모든 리더는 자신에게 들려주는 이야기를 스토리텔링의 첫 번째 핵심 요소로 삼는다. 우리 각자는 자신의 이야기에서 주인공을 맡고 있다. 자, 그렇다면 이야기의 줄거리는 어떠한가? 개인적인 스토리텔링은 망상과 다르며, 별다른 생각 없이 기분 좋은 아이디어만 떠올리는 것과도 확연히 다르다. 현실적이고 분명하며 이야깃거리가 될 만한 방식으로 인생의 여러 가지 일들을 연결해야 한다. 당신의 이야기에 등장하는 각 인물은 무엇을 원하는가? 그들

앞에 어떤 장애물이 놓여 있는가? 어떻게 하면 청중이 줄거리를 파악하고 더 나아가 줄거리에 참여하도록 도울 수 있는가?

스토리텔링의 두 번째 요소는 친구, 투자자, 동업자와 함께 노력하여 무언가를 성취해 보려는 마음을 가지고 그들에게 이야기를 들려주는 태도다. 말 그대로 자기 이야기의 줄거리와 요점을 들려줘야 한다. 매번 다른 사람에게 말하더라도 전반적인 이야기가 달라지지 않아야 한다. 그러면 이야기를 반복해서 들을 때 마음에 더 와닿는다. 훌륭한 이야기는 기억하기 쉽고 남에게 전달할 때 즐겁다. 당신의 손을 떠나 다른 사람을 입을 통해 제3자에게 전달되더라도 여전히 살아 있고 힘이 있는 이야기가 되어야 한다.

마지막으로, 목표를 향해 추진력을 모으고 이야기를 본격적인 행동으로 옮기면서 사람들이 이야기를 공유하고 참여할 수 있게 하는 방법에 집중해야 한다. 이 시점에서는 아이디어에 맞추어 이야기가 더 확장되며 당신의 이야기는 고객과 당신을 연결해주는 효과적인 도구가 된다. 이야기의 내용을 온통 당신에 관한 요소로 채우라는 게 아니다. 시간이 지남에 따라 이야기는 확장되고 당신의 역할은 상대적으로 작아질 것이다. 초점을 맞춰 이야기를 공유하면 이야기는 계속 연결되며, 이런 연결은 협업, 모금, 고객 확보 등의 거리를 가속화한다.

32장

권력·긴박감·투명성

진행 중인 작업에
추진력을 가하는 연료

1993년에 제작된 〈쥬라기 공원〉의 원작에서는 이안 말콤Ian Malcolm 박사가 공룡을 다시 살리는 주제를 두고 공원 소유주인 존 해먼드 John Hammond와 논쟁을 벌인다. 말콤은 "당신네 팀의 과학자들은 할 수 있는지 없는지에 너무 집착하는 게 문제야. 그래서 반드시 해야 하는 일이라는 생각을 멈추지 못하는 거지!"라고 해먼드를 비난한다. 이 영화는 초대형 블록버스터로 자리 잡았고 이후 20년 동안 5개의 속편이 제작되었다. 아이러니하게도 이 작품 자체가 말콤이 한탄했던 오만함의 사례가 되었고, 그의 한탄은 여전히 큰 의미가 있다.

〈쥬라기 공원〉의 원작은 작가 마이클 크라이튼Michael Crichton의 손에서 태어났는데, 아주 똑똑한 사람들이 함께 모여 결과를 제대로 알아보지 않고 무언가를 창조할 때 발생하는 도덕적·윤리적 문제점을 다루고 있다. 영화에서는 공룡들이 여기저기 뛰어다니면서 멋진 일을 해낸다. 해먼드와 그가 이끄는 팀은 살아 숨 쉬는 공룡을 만들어낸다는 생각에 지나치게 매료된 나머지, 수천 년 동안 모습을 감추었던 공룡들이 같은 시간과 장소에서 충돌할 때 무슨 일이 벌어질 것인지 깊이 생각해 보지 않았다.

권력, 긴박감, 투명성의 관련성을 살펴보기 전에 이런 이야기를 왜 하는지 궁금할 것이다. 하지만 이런 개념의 조합은 우리가 하는 일의 의미와 우리가 남기려는 유산에 관한 깊이 있는 질문을 생각하도록 만든다. 이 책에 정의된 권력을 잘 활용하면 긴박감이 생긴다. 그리고 긴박감은 처리 중인 작업을 투명하게 공개할 때 비로소 극적이면서도 오래 지속되는 결과를 내게 한다. 단, 여기에서는 좋고 나쁨을 판단하지 않고 단지 '결과'라고 표현한 데에 주목하기 바란다.

이쯤 되면 다들 느꼈을 테지만 우리는 이 책에서 여러 가지 개념을 하나씩 소개하면서 가치 판단을 하지 않으려고 최선을 다했다. 가치 판단을 배제하려고 일부러 노력했으며 특히 객관성을 다룬 6장에서 그 점이 확실히 드러날 것이다.

더 나아가 우리의 목표는 다른 사람이 행동을 취하고 생산성을 높이도록 격려하는 데 있다. 당신에게 바람직한 생산성이 무엇인지 일일이 알려주거나 무슨 일을 해야 하는지, 하면 안 되는지에 관한 우리의 생각을 당신이 이미 알고 있다고 추정하는 건 아니다. 이런 판단은 배움에 방해가 되고 어려운 개념을 더 이해하기 어렵게 만든다. 그렇다고 해서 당신의 도덕적·윤리적 관점이 약하다는 말은 절대 아니므로 오해하지 않기를 바란다. 우리와 다른 목적을 가진 책이라면 그런 점을 고려하는 게 바람직하겠지만 우리는 여기서 언급된 개념들이 하나로 연결되었을 때 어떤 효과가 나는지 살펴보는 것이므로, 그와 관련된 가능성을 인정해야만 한다.

앞서 정의한 것처럼 **권력**은 모든 것을 가능성으로 여기는 마음에서 시작한다. 자신에게 있는 무한한 가능성을 인정하고 이를 활용하여 무언가 성과를 내려고 노력하는 것이다. **긴박감**은 생산적인 진행이 최대 속도를 내는 것 다시 말해, 몰입과 강한 동기, 열정이 주축을 이루는 행동 상태라고 할 수 있다. 마지막으로 **투명성**은 조직 안팎의 사람들이 당신의 관점을 이해하고 당신이 실제로 일하는 모습을 지켜보는 방식에서 드러난다. 투명성은 권력과 긴박감을 공적 영역으로 가져오는 의사소통 도구다. 공적 영역에서 다른 사람에게 영향을 주거나 외부 세계와의 연결성을 만드는 도구 말이다.

의도적으로 노력하거나 그렇게 하려는 의지를 갖지 않아도 자연스럽게 권력-긴박감-투명성이라는 순서로 이어진다. 권력을 효과적으로 사용하면 긴박감이 생기고, 그러면 다른 사람이 진행 중인 일에 관심을 가지고 참여하려는 마음을 갖게 하려는 충동이 생긴다. 이런 개념이 다 어우러지면 진행 중인 작업에 추진력을 가하여 더 빠르고 성공적으로 일을 진행할 수 있다. 목표가 어디든 엔진에 연료를 공급해 리더와 팀의 행보에 박차를 가한다. 권력, 긴박감, 투명성을 합치면 애플 컴퓨터를 만들 수 있고 쥬라기 공원도 건설할 수도 있다.

이런 말이 너무 과장된 것처럼 느껴질지 모른다. 현실 세계에서 누가 공룡을 되살리려고 노력한단 말인가? 그렇게 하면 어떤 위험이 발생하는가? 이 책에서 무언가 유의미하고 지속적이며 규모가 큰일을 한다고 가정하거나 해 보라고 권할 때 자신에게 맞게 해석하면 된다. 사람은 누구나 변화를 창출하는 잠재력이 있다. 어떤 내용이 완곡한 표현으로 느껴지거나 과장되었다고 느껴지면 1부로 돌아가서 리더십, 권력, 목적의식 등의 장을 다시 읽되 이번에는 글자 그대로의 의미를 받아들이려고 노력해 보라. 한 마디 한 마디에 진심이 담겨 있다고 생각해야 한다. 자신의 잠재력이 보잘것없거나 미미하다는 말에 스스로를 어떻게 생각하는지 고스란히 드러나 있다. 행동하고 새로운 변화를 창출할 힘이 있는데도 스스로 제한을 가하는 것이다.

기대와 현실이 맞지 않으면 위험한 역동성이 생길 수 있다. 달리 말해서, 자신이 이룩한 것의 크기나 영향보다 그에 대한 책임감이 뒤처지는 것이다. 〈쥬라기 공원〉에서 해먼드는 손자가 공룡에게 쫓기는 광경을 보자 그제야 자신의 실수를 통감했다. 가족이 심각한 위험에 처한 것을 본 후에야 다른 사람에게 미치는 결과를 제대로 고심하기 시작한 것이다. 안타깝게도 이렇게 제때 결과를 고려하지 않는 상황이 현실에서는 자주 반복된다.

기업을 세우고 규모를 확장하려면 리더는 보건, 공공 정책, 환경적인 영향 등 사회적·문화적으로 큰 영향을 미치는 활동에 참여하게 된다. 제품을 생산하는 일은 사람들에게 무언가를 하도록 도와준다는 의미다. 그리고 제품을 생산했으면 제품이 초래하는 결과에 책임을 져야 한다. 여러 단계의 책임을 고려해야 하며, '사람들이 나를 어떻게 기억하기를 바라는가?', '후손들은 내가 이 세상에 미친 영향을 어떻게 생각할 것인가?'와 같은 중대한 문제도 생각해 봐야 한다.

자, 이제 무엇을 해야 할까? 어떻게 하면 권력, 긴박감, 투명성에 수반되는 위험을 피할 수 있을까?

가장 중요한 첫 단계는 주변 세상을 바꾸는 자신의 힘 또는 권력을 진지하게 받아들이는 것이다. 이를 시작으로 수많은 개념을 연결할 수 있다. 하지만 여기에서는 책임감을 정립하고 중요한 점을 너무 늦지 않게 깨닫는 데 도움이 된다는 점만 언급하겠다. 무언가 할 수 있다는 점을 인정하면 그 일을 할지 말지 생각할 여지가 생긴다.

둘째, 동기를 검토하라. 사실 많은 기업가가 누군가의 말이 틀렸다는 것을 증명하려는 욕구에 따라 움직인다. 이런 행동이 도움 될 때가 있지만 자신에게 남이 틀렸다는 걸 증명하려는 욕구가 있음을 분명히 인지해야 한다. 또한 이런 욕구가 다른 사람을 도와주려는 마음, 문제를 해결하거나 삶을 더 편하게 만들려는 의지와 적절히 균형을 이루어야 한다. 미운 사람을 괴롭히거나 복수하면서도 그들에게 선행을 베풀 수 있다. 괴롭힘·복수와 선행이 상호 배타적이라고 생각할 필요는 없다.

셋째, 공룡이 손자의 뒤를 쫓는 모습을 보고서야 자신의 한 행동의 결과에 대해 심사숙고하는 것은 바람직하지 않다. 그렇게 오래 기다리거나 방치할 문제가 아니다. 지속적인 영향에 대한 생각은 나이가 들면서 달라질 수 있고, 특히 자녀가 태어나면 분명 이전에 생각하지 않았던 새로운 측면이 눈에 보일 테다. 사실 누구나 미래에 태어날 자녀를 상상해 보고, 그들이 어떤 친구와 이웃과 어울릴지 생각해 보고, 자신의 장례식에서 누군가 어떤 말을 해야 할지 신경 쓸 것이다. 이처럼 시간이 지날수록 내가 남길 것 즉, 유산의 중요성은 더욱 커진다. 따라서 지금 필요한 준비를 해두면 오랫동안 후회할 일이 없을 것이다. 이런 준비야말로 바로 미래의 자신에게 친절을 베푸는 행동이다.

넷째, 새로운 것을 창조하는 능력은 유한하다는 사실을 받아들여야 한다. 시간은 한정되어 있다. 자신이 축적할 수 있는 것, 자신이 받는 인정, 자신이 원하는 에너지와 긍정을 기준으로 정보를 얻는다면 가장 알맞은 수준의 책임감을 느끼고 노력을 기울이지 못한다. 이런 마음가짐은 다른 사람과 협력하려는 능력에 방해가 되고 자신이 해야 할 일이 아니라 할 수 있는 일에만 집중하려는 동기를 키운다. 자기 자신을 새로운 것을 만드는 과정에 참여하는 사람 다시 말해, 이전 세대에서 새로운 것을 만드는 작업을 한 사람의 뒤를 이으며 다음 세대를 위한 안내자라고 생각하면서 의사 결정을 하고 목표를 향해 나아간다면 어떤 후회도 없을 것이다.

이 책을 집필한 목적은 사람들에게 영감을 주는 데 있다. 더 나아가 행동을 촉구하기 원한다. 생각에서 멈추지 않고 실제 행동하여 새로운 것을 만들도록 격려하고 싶다. 이 과정에서 우리도 일정 수준의 책임을 진다. 어떤 사람이 이 책을 읽고 내용이 좋다고 판단하지만 그 후에 위험하고 파괴적인 것을 만들어낼지도 모른다. 우리는 그런 가능성을 인정하며 만약 그런 일이 발생하면 우리에게도 책임이 있다고 생각한다.

마찬가지로 어떤 사람이 긍정적인 결과를 만들어냈고, 우리가 거기에 조금이라도 도움을 줄 수도 있다. 후자의 가능성이 매우 중요하므로 우리는 어느 정도 위험이 있어도 기꺼이 감수하고 책을 낸 것이다. 사실 우리는 이 책이 크게 의미가 없을 존재라고 생각하고 싶다. 읽는 사람도 많지 않을 것이고 여기에 나오는 개념을 나쁜 행동에 적용하는 사람은 아무도 없을 것이라고 믿고 싶다.

결국에는 책임감이라는 파멸의 고리를 뒤늦게 인지하고 쥬라기 공원을 휘젓고 다니는 공룡들을 어리둥절한 표정으로 그저 바라만 보게 될 것이다. 그렇기 때문에 우리는 무엇을 할 수 있는지에 더해, 그 일을 해야 할지 하지 말아야 할지를 심사숙고했다.

나머지는 여러분 각자에게 달려 있다.

스파크

1판 1쇄 인쇄 2024년 3월 19일
1판 1쇄 발행 2024년 3월 29일

지은이 크리스 메틀러, 존 야리안
옮긴이 정윤미

발행인 양원석 **편집장** 정효진 **책임편집** 김희현
디자인 강소정, 김미선 **영업마케팅** 윤우성, 박소정, 이현주, 정다은, 박윤하

펴낸 곳 ㈜알에이치코리아
주소 서울시 금천구 가산디지털2로 53, 20층 (가산동, 한라시그마밸리)
편집문의 02-6443-8846   **도서문의** 02-6443-8800
홈페이지 http://rhk.co.kr
등록 2004년 1월 15일 제2-3726호

ISBN 978-89-255-7524-7 (03190)